Pocket Power

Bruno Augustoni

Professionell präsentieren

2. Auflage

HANSER

Geleitwort

Einkauf und Logistik beeinflussen maßgeblich die Wettbewerbsfähigkeit von Unternehmen. Der Anteil der Beschaffung der deutschen Industrie ist inzwischen auf über 50 Prozent des Unternehmensumsatzes gestiegen. Die Qualität beim Einkauf bestimmt die Qualität der Produkte.

Der BME fördert seit über 45 Jahren die Belange des Faches und vertritt die Interessen von 1 000 Unternehmen und 4 000 persönlichen Mitgliedern. Mit der Reihe „Pocket Power Einkauf und Logistik" verbinden wir den Wunsch, wesentliche Themenfelder aus dem Bereich übersichtlich aufzubereiten und auch einem breiteren Kreis von unternehmerischen Entscheidern nahe zu bringen.

Es würde uns freuen, wenn die vorliegende Publikation einen Beitrag zu Ihrem Unternehmenserfolg leisten würde.

Dr. Holger Hildebrandt, Vorsitzender des BME

Inhalt

Wegweiser

Dieses Buch wendet sich an Praktiker. Die folgenden drei Symbole führen Sie schnell zum Ziel:

Dieses Symbol markiert **Anwendungstipps:** Hier erfahren Sie, wie Sie bei der Umsetzung am besten vorgehen.

Hier geben wir Ihnen **Praxisbeispiele,** die zeigen, wie die Thematik von anderen konkret umgesetzt wird.

Wo Sie dieses Symbol sehen, weisen wir Sie auf **Hürden und Hindernisse** hin, die einer Umsetzung erfahrungsgemäß oft im Wege stehen.

1 Einleitung

Präsentieren gehört zu den täglichen Aufgaben eines jeden Einkäufers und Logistikers. Es werden immer wieder neue Strategien, Konzepte oder ganz einfache Unterlagen in den unterschiedlichsten Situationen zu präsentieren sein.

Inhaltlich sind die meisten Präsentationen sehr gut vorbereitet und in ihrem Gehalt auch entsprechend fundiert. Das eigentliche Präsentieren jedoch, d. h. die Art und Weise, wie der Inhalt zu den Zuhörern „transportiert" wird, lässt sehr oft noch viel Potential offen.

Viele Präsentatoren vergessen, dass das Wie viel entscheidender ist, als man im Allgemeinen annimmt. Wer sich heute in Wirtschaft und Politik bewusst umschaut, stellt fest, dass, wenn zwei Präsentatoren inhaltlich das Gleiche sagen, das eben nicht das Gleiche ist. Warum? Eben weil der eine sich ausschließlich dem Inhalt widmet, während sich der andere von der Vorbereitung über die Durchführung bis hin zur Nachbearbeitung seiner Präsentation intensiv über das Transportieren der Botschaften Gedanken macht.

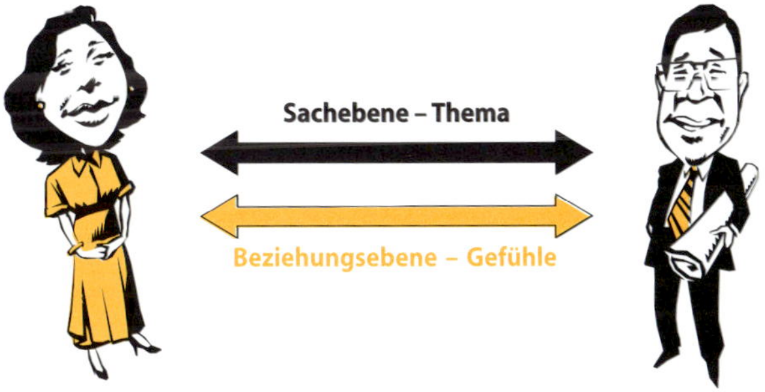

Bild 1: *Kommunikationsebenen*

Dasselbe stellen wir aber auch an den Ausbildungsstätten fest. Es gibt Lehrer und Professoren, die in ihrem Fachgebiet absolute Kapazitäten darstellen, es aber nicht verstehen, ihre Schüler oder Studenten zu fesseln, weil sie sich völlig im Inhalt verlieren.
Aus der Kommunikationsforschung hat man folgende Erkenntnis gewonnen:
Jede Kommunikation läuft auf zwei Ebenen ab, nämlich auf der Sach- und Beziehungsebene.
Es ist schließlich das Wie, das über den Erfolg oder Misserfolg einer Präsentation entscheidet.
Es wird immer das Gefühl sein, das den Schlussentscheid für eine positive oder negative Haltung ausmacht. Anders ausgedrückt, das Gefühl entscheidet schlussendlich immer darüber, ob etwas „gekauft" wird.

1.1 Verkaufen

Verkaufen im weiteren Sinne bedeutet jedes systematische Kommunizieren mit einem Partner. D.h., dass auch jede Präsentation eine Art von Verkaufen darstellt. Der Präsentator versucht die Zuhörer durch seine Präsentation von irgendetwas zu überzeugen: Im Idealfall sind sie dann vorbehaltlos seiner Meinung. Dieses irgendetwas kann eine Idee, eine Strategie, ein Konzept oder ganz einfach ein Produkt sein. Verkaufen umfasst nämlich viele Untertätigkeiten wie z.B.:
Interesse wecken, fragen, zuhören, bestätigen, präsentieren, demonstrieren, visualisieren, argumentieren, Einwände beseitigen, Fragen beantworten, bestätigen lassen usw.
So gesehen verkauft jeder Mensch täglich irgendetwas. Sei dies eine Idee in der Firma oder sogar in der Familie.

Verkaufen im engeren Sinne beinhaltet zusätzlich eine Gegenleistung, die aus einer Ware oder Geld bestehen kann.

1.2 Bedeutung der Präsentation und Demonstration

Präsentationen und Demonstrationen sind ein wesentlicher, ja manchmal sogar entscheidender Bestandteil von Verhandlungen und Gesprächen. In solchen Momenten kann der Präsentator Vor- und Nachteile sowie seine Fachkompetenz auf bestimmten Gebieten aufzeigen. Hier kann er Interesse wecken, zum Denken anregen, begeistern, die Zuhörer dazu bringen, sich voll und ganz mit ihm und seinen Aussagen zu identifizieren. In der Verkaufstechnik würde man hier vom Begriff Kaufen sprechen. Täglich werden Tausende von Präsentationen gemacht. Genau genommen ist jede Meinungsäußerung eine Präsentation.

Der entscheidende Unterschied zwischen einer Präsentation und Demonstration besteht darin, dass bei der Demonstration nicht nur das Ohr und das Auge angesprochen werden. Bei einer Demonstration werden auch die anderen Sinnesorgane wie Tast-, Geschmacks- und Geruchssinn angesprochen.

Die täglichen Präsentationen werden oft durch Demonstrationen ergänzt.

Der Einfachheit halber benutzen wir in der Folge ausschließlich den Begriff Präsentation.

1.3 Arten von Präsentationen

Grundsätzlich sind zwei Arten von Präsentationen zu unterscheiden:

- Frontalpräsentation (Präsentation vor einer Gruppe)
- Gesprächspräsentation (Präsentation am Tisch)

Oftmals wird vergessen, dass die Gesprächspräsentation eine sehr häufig gebrauchte Art der Präsentation ist. In fast jedem Gespräch gibt es eine Phase, in der einer der Gesprächspartner beginnt, irgendetwas zu präsentieren, z. B. ein Muster, eine Unterlage oder die Komponente eines Gerätes.

Frontalpräsentation

Die Frontalpräsentation ist das, was viele unter einer eigentlichen Präsentation verstehen. Der Präsentator stellt sich vor eine Gruppe von Zuhörern und referiert über ein Thema.

Gesprächspräsentation

Die Gesprächspräsentation ist die Präsentation im Rahmen eines Gesprächs oder einer Verhandlung am Tisch.

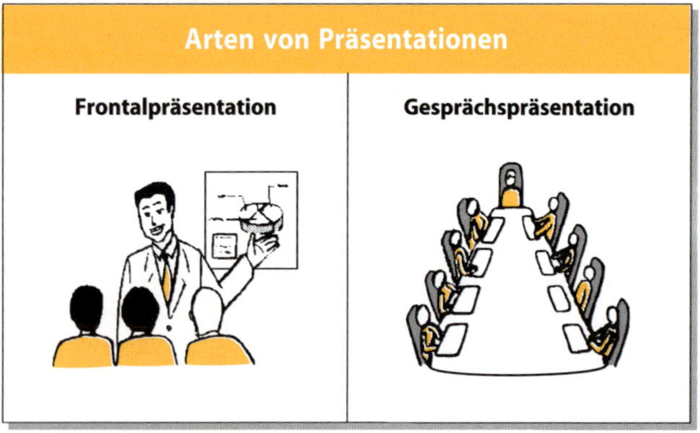

Bild 2: *Präsentationsarten*

Beide Arten von Präsentationen haben ihre Besonderheiten und folgen deshalb bestimmten Regeln.
Im Weiteren wird vor allem auf die Frontalpräsentation eingegangen. Sie finden jedoch sowohl in bestimmten Kapiteln als auch am Schluss dieses Buches einige Hinweise für die Gesprächspräsentation.

2 Die fünf Erfolgsfaktoren für eine professionelle Präsentation

Die fünf Erfolgsfaktoren für eine professionelle Präsentation sind:

- Vorbereitung
- Zuhörer
- Präsentator
- Visualisierung
- Umfeld

Wer diese fünf Faktoren beherrscht, wirkt professionell und kann sogar trockenen Inhalt begeisternd präsentieren.

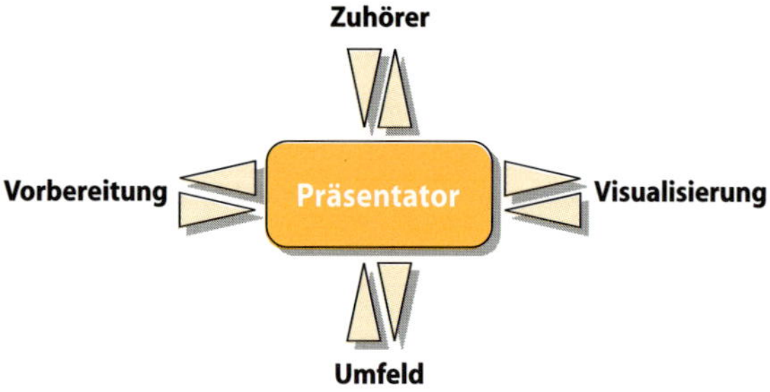

Bild 3: *Die fünf Erfolgsfaktoren*

3 Die Vorbereitung

Bild 4: *Vorbereiten heißt vordenken*

Die Vorbereitung ist sicherlich das Fundament einer jeden Präsentation. Folgende Themen sind bei der Vorbereitung der Präsentation zu beachten:

- Ziel
- Thema
- Einleitung
- Hauptteil
- Schluss

3.1 Ziel der Präsentation

Bevor eine Präsentation durchgeführt wird, muss sich der Präsentator über das Ziel im Klaren sein. Dabei ist es von großem Nutzen, die Zielformulierung so vorzunehmen, als ob man bereits am Schluss der Präsentation angelangt wäre. Dies tut man grammatikalisch mit der Zukunftsform (Futur).

Praxishilfe: Zielformulierungen

Nach der Präsentation werden die Zuhörer …

- wissen, dass …
- Folgendes tun …
- folgende drei Hauptbotschaften kennen …

Formulieren Sie Ihre Ziele schriftlich!

Die Frage nach dem Ziel ist übrigens aus dem Blickwinkel des Präsentators, der Zuhörer und des Auftraggebers für die Präsentation zu beantworten.

3.2 Thema der Präsentation

Das Thema einer Präsentation kann wesentlich dazu beitragen, die Zuhörer neugierig zu machen und entsprechende Erwartungen zu wecken.
Aus diesem Grund ist zu überlegen, auf welche Art und Weise das Thema präsentiert werden soll.

Praxishilfe: Thema der Präsentation

- Formulierung in Frageform
- Provokative Aussage als Titel
- Zum Titel einen kurzen ausformulierten Gedanken

3.3 Begrüßung der Präsentation

Die Begrüßung und die Einleitung sind ein sehr entscheidender Moment bei einer Präsentation. Es gilt hier noch immer der Satz:

Man hat nie eine zweite Möglichkeit, einen ersten Eindruck zu machen!

Bild 5: *Der erste Eindruck*

Es ist wie beim 100-m-Läufer. Das Rennen wird meistens beim Start und nicht bei irgendeinem Meter während des Rennens verloren.

Aus diesem Grund werden die wenigen ersten Sekunden wie im amerikanischen Fernsehen „Shit Point" genannt. Sind die ersten Sekunden nicht äußerst attraktiv, schaltet der Zuschauer beim Fernsehen auf einen anderen TV-Sender um.

Was bedeutet das für eine Präsentation?

Die ersten Sekunden entscheiden darüber, ob das Gefühl der Zuhörer positiv oder negativ ist. Ist es negativ, so ist das kaum mehr zu korrigieren.

Ist es jedoch positiv, ist die erste große Hürde der Präsentation bereits genommen.

Praxishilfe: Begrüßung

Stehen Sie ruhig und aufrecht vor den Zuhörern – schauen Sie alle an – lächeln Sie – beginnen Sie zu reden.

- Lernen Sie die ersten Sätze auswendig, bis sie ganz natürlich vorgetragen werden können.
- Heben Sie die Arme und Hände einladend hoch.
- Bereiten Sie eine attraktive Einleitung vor.
- Holen Sie die Zuhörer dort, wo sie stehen, ab.

3.4 Einleitung der Präsentation

Die Einleitung muss für die Zuhörer attraktiv sein, damit sie dem Präsentator die volle Aufmerksamkeit und Konzentration schenken.

Es gibt unter anderem folgende Möglichkeiten, eine Präsentation attraktiv einzuleiten:

Praxishilfe: Einleitung

- Interessante Frage
- Behauptung
- Persönliches Erlebnis
- Zitat
- Witz
- Meldung aus dem öffentlichen Leben

3.5 Hauptteil der Präsentation

Der Hauptteil der Präsentation bezieht sich auf das eigentliche Thema.

Um den Zuhörern möglichst viel mitgeben zu können, muss sich der Präsentator auf wenige Botschaften, d. h. höchstens drei, konzentrieren.

Folgende Punkte werden im Hauptteil oftmals falsch gemacht:

Der Präsentator
- spricht zu viele Themen an
- handelt die Themen zu „technisch" (Einkauf, Logistik) ab
- zeigt keine Vor- und Nachteile auf
- präsentiert alles auf einmal
- holt kein Feedback ab
- holt keine Zustimmung ein

Da die Zuhörer meistens Spezialisten auf einem anderen Fachgebiet sind, gilt es, folgende Punkte zu beachten:

Praxishilfe: Hauptteil

- Konzentrieren Sie sich auf wenige Botschaften oder Kernaussagen im Hauptteil.
- Präsentieren Sie bei jeder Botschaft die entscheidenden Vor- bzw. Nachteile in der Sie-Form.
- Holen Sie nach jeder Botschaft Feedback ein und schließen Sie immer mit einer Zustimmung der Zuhörer ab.

3.6 Schluss der Präsentation

Der Präsentator muss das Rad am Laufen halten!

Der Schluss einer Präsentation ist wie die Einleitung von großer Bedeutung. Hier muss der Zuhörer nochmals dazu

gebracht werden, dass er ja zu den Ideen und Zielen des Präsentators sagt.
Der aktive Schluss wird mit Hilfe einer Aufforderung gemacht.

Praxishilfe: Aufforderungen

- Profitieren Sie ...!
- Machen Sie sich das zunutze ...!
- Fällen Sie den Entscheid für ...!

Die Diskussion

Die Diskussion ist bei vielen Präsentationen der Teil vor dem eigentlichen Schluss. Das heißt, der Schluss mit der Aufforderung an die Zuhörer wird erst nach der Diskussion gemacht.
Auf die Diskussion gehen wir auch in den Abschnitten „Die Zuhörer“ und „Interaktion und Zuhörerorientierung“ näher ein.

3.7 Fragen und Einwände

Der Präsentator muss sich im Rahmen seiner Vorbereitung überlegen, welche Einwände und Angriffe von den Zuhörern kommen könnten. Dabei wird er feststellen, dass einige davon sehr schwierig zu behandeln bzw. abzuwehren sind.
Um bestmöglich auf diese Situationen vorbereitet zu sein, notiert sich der Präsentator in der Vorbereitung zu jedem Einwand und Angriff drei Argumente. Danach bewertet er die drei Argumente nach ihrer Stärke. Er wird so über einen kleinen Argumentationskatalog verfügen, den er gezielt einsetzen kann.

Praxishilfe: Vorbereitung der Fragen und Einwände

- Notieren Sie sich die schwierigsten Einwände und Angriffe, die Sie von den Zuhörern erwarten.
- Entwickeln Sie zu jedem Einwand und Angriff drei Argumente.
- Bewerten Sie die drei Argumente nach ihrer Stärke.

3.8 Vorbereitungsfragen

Um eine Präsentation möglichst professionell zu gestalten, muss der Präsentator vorab eine Reihe von Fragen beantworten.

Praxishilfe: Fragenkatalog für die Vorbereitung einer Präsentation

- Was sind meine Ziele der Präsentation?
- Wie lange darf meine Präsentation höchstens dauern?
- Welche Visualisierungshilfsmittel setze ich ein?
- Welche Hilfsmittel stehen mir noch zur Verfügung?
- Was sind die Namen der Zuhörer?
- Aus welcher Branche/Abteilung stammen die Zuhörer?
- Aus wie vielen Leuten besteht das Publikum?
- Was sind die Ziele der Zuhörer?
- Was erwarten die Zuhörer?
- Was sind die Motive der Zuhörer für die Teilnahme an der Präsentation?
- Welche Funktionen und Aufgaben haben die Zuhörer?
- Welchen Wissensstand haben die Zuhörer?
- Wer sind die Meinungsführer?
- Wer sind die Entscheidungsträger?
- Wie schätze ich die Stimmung der Zuhörer ein?

- Wie werde ich die Zuhörer begrüßen?
- Mit welchen fünf Sätzen werde ich die Präsentation einleiten?
- Welche Fragen werde ich am Anfang stellen, um die Zuhörer zu aktivieren und mit einzubeziehen?
- Was sind meine Hauptbotschaften?
- Welche Vorteile können die Zuhörer haben?
- Mit welchem Satz werde ich den Schluss einleiten?
- Wie werde ich die Diskussion eröffnen?
- Welche Einwände und Angriffe werden höchstwahrscheinlich von den Zuhörern kommen?
- Wie werde ich die schwierigsten Hindernisse meistern?
- Was erwarte ich am Schluss von den Zuhörern?
- Wie überprüfe ich, ob meine Hauptbotschaften bei den Zuhörern gut angekommen sind?
- Wie wird mein Outfit sein?

Manuskript

Für jede Präsentation muss ein Manuskript erstellt werden. Ein Manuskript dient dazu, sich über seine Gedanken und Ideen klar zu werden. Das Niederschreiben derselben zwingt einen dazu, wirklich darüber nachzudenken.

Hand- oder Spickzettel

Bei längeren Präsentationen empfiehlt es sich, aufgrund des Manuskriptes Hand- oder Spickzettel zu erstellen. Diese dürfen jedoch lediglich die wichtigsten Stichwörter enthalten. Ein Präsentator, der seine Präsentation gut einübt, braucht die Handzettel sehr oft nur noch als Beruhigung.

4 Die Zuhörer

Bild 6: *Der Zuhörer*

4.1 Bedeutung der Zuhörer

Die Zuhörer entscheiden schließlich darüber, ob der Präsentator seine Ziele und diejenigen der Zuhörer erreicht oder nicht.
Deshalb kommt den Zuhörern eine ganz besondere Bedeutung zu.
Um die Erfolgschancen zu steigern, muss sich der Präsentator über folgende Themen Gedanken machen:

- Begrüßung der Zuhörer
- Namen
- Interaktion und Zuhörerorientierung
- Argumentation
- Zustimmung einholen
- Umgang mit Zuhörern bei Fragen und Angriffen

4.2 Begrüßung der Zuhörer

Ein guter Präsentator ist immer früh genug am Ort, wo die Präsentation stattfindet. Das hilft ihm unter anderem, das Umfeld kennen zu lernen. Ein wichtiges Element des Umfeldes sind die Zuhörer.

Will der Präsentator seine Zuhörer von Anfang an im Griff haben, so versucht er, die Mehrzahl der Zuhörer persönlich zu begrüßen. Dadurch kann er bereits vorfühlen, mit welchen Stimmungen, Einstellungen, Meinungen, Vorurteilen und Personen er nachher bei der Präsentation rechnen muss.

Bild 7: *Persönliche Begrüßung*

Praxishilfe: Begrüßung der Zuhörer

- Begrüßen Sie so viele Zuhörer wie möglich persönlich.
- Begrüßen Sie die Zuhörer mit Handschlag (in unserer Kultur).
- Begrüßen Sie die Zuhörer mit ihren Namen zum Ausdruck der Wertschätzung.
- Erfragen Sie die Namen von den Zuhörern, die Ihnen unbekannt sind.

- Schreiben Sie die Namen sofort auf.
- Machen Sie sich einen „Spiegel" über die Sitzordnung, damit Sie sich die Namen besser einprägen können.

Ansprache bei der Begrüßung

Die Ansprache der Zuhörer ist sehr sorgfältig vorzunehmen, da die unterschiedlichsten Elemente beachtet werden müssen wie z. B.:

- Hierarchie
- Titel
- Geschlechter

Eine falsche Ansprache der Teilnehmer kann sich so stark negativ auswirken, dass es dem Präsentator überhaupt nicht mehr gelingt, seine Zuhörer positiv aufzubauen.

4.3 Namen

Bild 8: *Der Name*

Der Name eines Menschen gehört untrennbar zu ihm. Er übernimmt normalerweise den Namen seiner Eltern oder seines Vaters. Der Familienname kann so wichtig sein, dass man z. B. im Russischen den Vornamen und dann den Vaternamen (Alexander Alexandrowitsch) gebraucht, wenn man

einer Person besonders viel Wertschätzung und Respekt entgegenbringen will. Oder wenn wir daran denken, welche Zeremonie die Auswahl eines Vornamens bei Kleinkindern darstellt. Bevor das Baby geboren ist, werden von den Eltern Listen mit möglichen Namen erstellt. Nach einem bestimmten Verfahren wird dann der beste Name ausgewählt.
All dies zeigt, dass Namen eine besondere Bedeutung zukommt. Dies ist auch im Rahmen einer Präsentation der Fall. Die Ansprache der Zuhörer mit Namen hat folgende **Vorteile:**

- Der Präsentator drückt durch die Ansprache mit dem Namen seine Wertschätzung und seinen Respekt gegenüber dem Zuhörer aus.
- Der Präsentator stellt den Zuhörer ins Zentrum und zeigt ihm, welch große Bedeutung er für ihn hat.
- Der Präsentator baut immer wieder eine Beziehung und damit Vertrauen auf.
- Der Zuhörer schenkt dem Präsentator, sobald ihn dieser mit seinem Namen anspricht, seine Aufmerksamkeit, indem er ihn sofort ansieht und ihm zuhört.

Viele Präsentatoren denken, dass sie nicht alle Namen behalten können. Das gilt insbesondere dann, wenn es sich bei der Zuhörerschaft um eine größere Gruppe handelt. Es ist jedoch interessant, dass gerade diese Präsentatoren brillant beim Lernen aller Abkürzungen und Fachwörter aus ihrem Bereich sind. Die technischen Begriffe saugen die meisten förmlich auf. Dieses Engagement muss ein professioneller Präsentator ebenfalls an den Tag legen, wenn es darum geht, sich die Namen der Anwesenden zu merken. Ich gebe zu: Es ist eine immense Konzentrationsaufgabe, in wenigen Minuten zahlreiche Namen zu behalten.

Praxishilfe: Namen der Zuhörer

- Zeichnen Sie sich, bevor die Zuhörer kommen, einen „Spiegel" der Sitzordnung auf.
- Begrüßen Sie so viele Zuhörer wie möglich persönlich, und fragen Sie nach deren Namen.
- Beobachten Sie, wo sich ein Zuhörer hinsetzt.
- Tragen Sie nun den Namen sofort in Ihren „Spiegel" ein. (Hier ist auch Flexibilität gefragt, da manche Zuhörer bis zum Beginn der Präsentation den Platz wechseln!)
- Sprechen Sie bei der Interaktion am Anfang der Präsentation möglichst viele Zuhörer bereits mit Namen an.
- Scheuen Sie sich nicht, nochmals nach dem Namen zu fragen. Tragen Sie ihn dann sofort in den „Spiegel" ein.
- Nennen Sie während der gesamten Präsentation die Namen der Zuhörer.

Wer diese Hinweise genau befolgt, wird innerhalb kürzester Zeit erhebliche Erfolge aufweisen können und sogar von den Zuhörern auf diese „Meisterleistung" angesprochen werden.

Lassen Sie sich niemals von Ihren Zuhörern nachsagen, dass sie als „Nummer" behandelt worden wären!

4.4 Interaktion und Zuhörerorientierung

Den Zuhörern ist bei jeder Präsentation allerhöchste Aufmerksamkeit zu schenken, da sie über Erfolg oder Misserfolg entscheiden.

Eine besondere Bedeutung kommt der Interaktion zu. Was bedeutet das?

Interaktion heißt das Einbeziehen der Zuhörer in die Präsentation. Damit wird eine Präsentation zum Dialog mit den Zuhörern. Dies ist zwar viel anspruchsvoller für den Präsentator, wenn professionell gemacht, aber auch viel erfolgreicher.

In der Interaktion zeigt sich der wahre Künstler der Präsentation!

In früheren Zeiten war es eine Selbstverständlichkeit, dass im Theater und in der Oper Beiträge aus den Zuschauerrängen erfolgten. Das hatte dann auch zur Folge, dass ein Schauspieler oder Opernsänger darauf entsprechend eingehen musste.
Heute finden wir das nur noch bei Kleintheatern, wo absolute Professionals tätig sind. Ein Zwischenruf oder eine gut hörbare Bemerkung eines Zuschauers wird vom Schauspieler sofort aufgenommen und entsprechend professionell umgesetzt.
Auch im Fernsehen kommen gerade jene Moderatoren gut an, die aus den Beiträgen und Bemerkungen aus dem Publikum etwas machen können.

Aktivieren Sie als Präsentator Ihre Zuhörer und demonstrieren Sie damit Ihre Sicherheit!

Viele Präsentatoren haben eine sehr schlechte Interaktion mit den Zuhörern und orientieren sich nur wenig an deren Zielen und Erwartungen. Sie wollen vor allem ihre Ideen darlegen.

Da aber eine Präsentation immer dazu dient, die Zuhörer schließlich zu etwas zu bewegen, ist es von entscheidender Bedeutung, diese gezielt in die Präsentation zu integrieren. Eine solche Integration nennt man Interaktion.
Im Verlaufe einer Präsentation gibt es viele Möglichkeiten, wie man die Zuhörer integrieren kann.

Persönliche Begrüßung

Bei jeder Präsentation beginnt die Zuhörerorientierung bereits bei der persönlichen Begrüßung. Hier kann der Präsentator im kurzen Gespräch herauszufinden versuchen, welche Ziele, Motive und Erwartungen den einzelnen Zuhörer veranlasst haben, an der Präsentation teilzunehmen.

Analyse nach der Einleitung

Eine Präsentation ohne Analyse ist kundendesorientiert!

Frontalpräsentation

Ein Präsentator, der über genügend Selbstvertrauen und sicherheit verfügt, wird auch in der Einleitung der Frontalpräsentation interaktiv arbeiten, indem er zur bereits gemachten Einleitung einige Fragen stellt.

Praxishilfe: Einleitungsfragen in der Frontalpräsentation

- Wie oft haben Sie sich schon diese Frage gestellt?
- Was sind Ihre Anliegen in diesem Zusammenhang?

- Was sind in diesem Zusammenhang Ihre besonderen Anforderungen?
- Was sind Ihre Wünsche und Anforderungen bezüglich ...?
- Wie wichtig ist es für Sie, dass ...?
- Welche Bedeutung hat für Sie ...?

Die Fragen müssen an alle Zuhörer gestellt werden, damit sich jeder angesprochen, integriert und nicht vernachlässigt oder gar unter Druck fühlt.
Dabei ist es wichtig, die Wortmeldungen sichtbar auf einem Schreibblock oder auf ein Flipchart zu notieren, damit die Punkte während der Präsentation wieder aufgenommen und abgearbeitet werden können.
Die meisten Präsentatoren haben leider nicht den Mut und die Selbstsicherheit, diese Fragen zu stellen. Sie glauben, dass die Zuhörer eine einfache Präsentation erwarten.
Hier zeigt sich jedoch, wie sicher der Präsentator ist. Er integriert seine Zuhörer bereits von Anfang an.
Abgesehen von den Informationen, die er erhält, kann der Präsentator nämlich gleichzeitig zeigen, dass er die Interaktion geradezu wünscht und vor Fragen und Angriffen keine Angst hat.

Gesprächspräsentation

Auch vor der Gesprächspräsentation muss immer eine Analyse in Form von wenigen offenen Fragen durchgeführt werden, um zu überprüfen, ob die nachfolgende Präsentation überhaupt noch der Situation entspricht, aufgrund derer sie vorbereitet wurde.

Gehen Sie im Herzen und im Kopf Ihrer Zuhörer spazieren!

Praxishilfe: Einleitungsfragen in der Gesprächspräsentation

- Was hat sich an der Situation, aufgrund derer diese Präsentation vorbereitet wurde, Wesentliches geändert?
- Welche Punkte sind für Sie von besonderer Bedeutung im Zusammenhang mit ...?
- Welche Punkte sind für Sie von besonderer Bedeutung?
- Welche neuen Aspekte sind seit unserem letzten Gespräch dazugekommen?
- Was sind für Sie die ausschlaggebenden Punkte bei diesem Thema?

4.5 Feedback und Zustimmung einholen

Während einer Präsentation muss der Präsentator seine Zuhörer dauernd beobachten. Dies kann er selbstverständlich nur dann tun, wenn er optimal vorbereitet ist und auch sonst die Professionalität an den Tag legt, wie sie in diesem Büchlein beschrieben ist.

Sobald er nun feststellt, dass ein Gedanke positiv angekommen ist, kann er in Form einer geschlossenen Frage Zustimmung (kleines Ja) einholen. Jede Zustimmung ist ein richtiger Schritt in die Richtung des schlussendlichen Verkaufs, d. h. des großen Ja der Zuhörer.

Zuhörer zeigen es meistens unbewusst durch Kopfnicken, durch ein Lächeln, durch ein leises Ja usw., wenn sie einer Idee oder Lösung positiv gegenüberstehen. Man nennt dies in der Einkaufs- und Verkaufstechnik „Kaufsignal“.

Wenn immer möglich, sind solche Zustimmungen von den Zuhörern so einzuholen, dass alle anderen diese ebenfalls hören können. So bringt der Präsentator alle Zuhörer schrittweise zu einer positiven Einstellung gegenüber dem, was er präsentiert.
Geben die Zuhörer keine klaren positiven Signale, so darf der Präsentator auf keinen Fall eine geschlossene Frage stellen. Wenn er dies tut, muss er auch damit rechnen, ein Nein zu erhalten, und dies sollte vermieden werden. Ein Nein drückt nämlich eine Ablehnung und damit ein negatives Gefühl aus.
Die richtige Frage ist dann die offene, um den Gefühlszustand der Zuhörer in Erfahrung zu bringen.

Praxishilfe: Feedback-Fragen

- Welche Fragen haben Sie noch zu diesem Punkt?
- Welche Punkte sind aus Ihrer Sicht noch aufzunehmen?
- Was meinen Sie dazu?
- Was denken Sie darüber?
- Was heißt das für Ihre Situation?
- Was sind im Moment Ihre Gedanken?
- Wer sieht den Vorteil für seine Aufgabe nicht?
- Wie oft ...?
- Wann glauben Sie, dass Sie das schon einsetzen können?
- Herr ..., inwieweit ist Ihr Punkt, den wir am Anfang notiert haben, erledigt?

Jeder Punkt, der behandelt wurde, muss jedoch abgeschlossen werden, bevor ein anderer Punkt präsentiert und aufgenommen wird. Dies geschieht durch geschlossene Fragen wie:

Praxishilfe: Zustimmung einholen

- Sehen Sie Ihre Vorteile bei dieser Lösung?
- Entspricht das Ihren Vorstellungen?
- Sehen Sie, was es Ihnen bringt, wenn Sie so vorgehen?
- Erfüllt das Ihre Anforderungen?
- Beantwortet das Ihre Frage vom Anfang?
- Habe ich Ihre Frage beantwortet?
- Haben Sie weitere Fragen zu diesem Punkt?
- Ist es mir gelungen, Sie in diesem Punkt zu überzeugen?
- Können Sie das in Ihrer täglichen Arbeit einsetzen?
- Haben Sie nun genügend Argumente für ...?

4.6 Interaktionsmöglichkeiten

Praxishilfe: Interaktionsmöglichkeiten

- Machen Sie eine vorgängige Analyse bei einzelnen Zuhörern.
- Erfragen Sie die Namen der Zuhörer, die Sie nicht kennen.
- Stellen Sie bereits am Anfang, nach der Begrüßung und der Einleitung, einige offene Fragen an die Zuhörer.
- Notieren Sie diese Wortmeldungen für alle sichtbar.
- Holen Sie Feedback und Zustimmungen während der Präsentation und am Schluss jedes Abschnittes ein.
- Geben Sie den Zuhörern die Möglichkeit, während und nicht erst am Schluss der Präsentation Fragen zu stellen.
- Arbeiten Sie die anfangs gesammelten Wortmeldungen während der Präsentation ab, und holen Sie Zustimmungen ein.
- Sprechen Sie die Zuhörer immer mit dem Namen an.
- Streichen Sie immer die Vorteile und Nachteile für die Zuhörer heraus.
- Formulieren Sie die Vor- und Nachteile immer in der Sie-Form.

4.7 Barrieren

Da die Präsentation vor allem vom Präsentator lebt, ist die Beziehung zu den Zuhörern außerordentlich wichtig. Leider verstecken sich viele Präsentatoren hinter Rednerpulten, Tischen oder anderen Aufbauten wie Computern, Beamern usw.

Der Grund für dieses Verstecken liegt bei den meisten darin, dass sie Angst haben, mit dem Publikum in Kontakt zu treten. Genau das aber ist es wiederum, was den wahren Meister vom Amateur unterscheidet.

Der Meister ist bestrebt, möglichst viele Kontakte aufzunehmen. Wenn man sich die vielen Talkshows im Fernsehen ansieht, tummeln sich die Moderatoren förmlich in der Menge der teilnehmenden Zuschauer und zeigen damit, dass sie ein Teil der Zuschauer sein wollen. Dies öffnet gleichzeitig die Zuschauer, und sie nehmen aktiv an den Diskussionen teil.

Es ist klar, dass eine Talkshow in vielen Punkten nicht mit einer Präsentation vergleichbar ist. Trotzdem gibt sie in dieser Frage wichtige Hinweise für Präsentatoren.

Praxishilfe: Barrieren

- Entfernen Sie jeden zu großen Tisch zwischen Ihnen und den Zuhörern.
- Gebrauchen Sie nur ein Rednerpult, wenn Ihre Präsentation in einem ganz offiziellen Rahmen durchgeführt wird.
- Stellen Sie sich in folgenden Momenten direkt vor die Zuhörer:
  - bei der Begrüßung
  - bei der Hervorhebung von wichtigen Aussagen
  - bei der Beantwortung von Fragen

4.8 Umgang mit Teilnehmern bei Fragen und Angriffen

Bei vielen Präsentationen, ob Frontal- oder Gesprächspräsentation, nehmen mehrere Personen teil. Die Anzahl der Teilnehmer bestimmt die Vielfalt der Typen. Da der Präsentator auf alle möglichen Typen vorbereitet sein muss, um nicht überrascht zu werden, muss er bestimmte Regeln befolgen:

Praxishilfe: Umgang mit Teilnehmern

- Jeder Teilnehmer ist ernst zu nehmen, da wir nie wissen, welchen Einfluss er auf die Zustimmung der Zuhörerschaft hat.
- Jede Frage und jede Aussage muss ernst genommen und vor ihrer Beantwortung bestätigt werden.

Beispiele:

Das ist ein wichtiger Punkt.
Gut, dass Sie das aufnehmen.
Ich sehe, was Sie meinen.

- Der Präsentator kann jederzeit hinterfragen, bevor er Stellung nimmt.
- Es werden immer zuerst die positiven Aspekte behandelt.
- Positive Zuhörer in die Beantwortung mit einbeziehen.
- Bei negativen Zuhörern positive Zuhörer mit einbeziehen.

Beispiele:

Was meinen die anderen Zuhörer dazu?
Wer möchte hierzu noch eine Ergänzung machen?
Welche Meinungen haben die anderen Damen und Herren dazu?

- Fragen oder Angriffe können jederzeit zu einem späteren Zeitpunkt behandelt werden.

Beispiel:

Ich möchte diesen Punkt gerne später behandeln. Sind Sie damit einverstanden? (Sichtbar notieren!)

- Einen Angriff in eine Frage kleiden.

Beispiel:

Das ist ein wichtiger Punkt. Wenn ich Sie richtig verstehe, fragen Sie, ob ...?

Praxishilfe: Sprache und Körper bei Fragen und Angriffen

- Hören Sie augenblicklich auf zu sprechen, wenn ein Zuhörer etwas sagt.
- Konzentrieren Sie Ihren Blick und Ihr Gehör voll und ganz auf den Fragenden, und schenken Sie ihm Ihre ungeteilte Aufmerksamkeit.
- Machen Sie bewusst einen Schritt in Richtung des Fragenden.

Bild 9: *Verhalten bei Fragen und Angriffen*

Unterschiedliche Typen von Teilnehmern

In jeder Gruppe von Zuhörern gibt es unterschiedliche Typen, abgesehen von der Tagesform. Wir unterscheiden folgende Grundtypen:

- Der Schüchterne
- Der Dickfellige
- Der Verbitterte und Jammerer
- Der Besserwisser
- Der Arrogante
- Der Aggressive
- Der Vielredner
- Der Positive
- Der Streitsüchtige

Allen diesen Typen muss der Präsentator mit der richtigen Methode begegnen.

Der Schüchterne

Der Schüchterne muss mit einfachen Fragen zur Teilnahme an der Diskussion ermuntert werden. Sehr oft ist dies möglich, indem man ihn für ein bestimmtes Fachgebiet als Fachmann zu Rate zieht. Dies stärkt sein Selbstbewusstsein.

Der Dickfellige

Der Dickfellige muss mit Hilfe von provokativen, ja manchmal sogar angreifenden Fragen und Aussagen herausgefordert werden. Im Weiteren kann er dadurch aktiviert werden, dass der Präsentator ihn auffordert, Beispiele aus seinem Interessen- und Fachgebiet beizusteuern.

Der Verbitterte und Jammerer

Der Verbitterte muss mit Hilfe von aufmunternden Aussagen und Fragen mit einbezogen werden. Wird sein Einfluss auf die anderen Teilnehmer zu stark, kann der Positive als Gegenpol ins Spiel gebracht werden.

Der Besserwisser

Der Besserwisser muss mit Hilfe der anderen Zuhörer „behandelt“ werden, die bei seinen Aussagen mittels Fragen einzubeziehen sind.

Der Arrogante

Der Arrogante sollte anfangs nicht beachtet werden. Nach und nach muss er mit gezielten und leichten Fragen integriert werden.

Der Aggressive

Der Aggressive muss mit äußerster Ernsthaftigkeit angesprochen und mit Hilfe von Fragen zum Denken angeregt werden, damit er sein Machtspiel nicht entfalten kann und sich auf die Inhalte konzentrieren muss.

Der Vielredner

Der Vielredner muss immer wieder höflich unterbrochen werden. Im schlimmsten Fall muss eine Sprechzeit mit ihm vereinbart werden.

Der Positive

Da er eine Stütze für den Präsentator darstellt, muss er bewusst in das Gespräch oder in die Diskussion mit einbezogen werden. Dies kann dadurch geschehen, dass man ihn bittet, Zusammenfassungen von Ergebnissen zu machen oder ihn als letzten zu einem Punkt Stellung nehmen lässt.

Der Streitsüchtige

Bei diesem besonderen Typ muss der Präsentator auf jeden Fall sachlich und ruhig bleiben und sich nicht in ein Streitgespräch einlassen. Am besten gibt er die Angriffe an die anderen Teilnehmer zur Stellungnahme weiter. Zusätzlich kann in ganz wichtigen Momenten die „Taktik des toten Winkels" angewandt werden. Dabei sieht der Präsentator den Streitsüchtigen bewusst nicht an und bezieht ihn damit auch nicht in die Diskussion ein.

4.9 Rhetorik

Bei der Interaktion muss der Präsentator die Situationen im Griff haben, mögen sie noch so schwierig sein. Dazu benötigt er sprachliche Mittel, die ihm diese Führung erlauben, wie:

- Bestätigung
- Frage
- Zuhören

Die Bestätigung

Mit Hilfe einer Bestätigung zeigt der Präsentator dem Zuhörer, dass er seine Aussage ernst nimmt und sich für sein Anliegen interessiert.
Wie wir schon aus dem Kapitel „Einleitung" wissen, verläuft die Kommunikation auf zwei Ebenen, nämlich auf der Sach- (Thema) und auf der Beziehungsebene (Gefühle) ab.

Mit einer Bestätigung produziert der Präsentator beim Zuhörer ein positives Gefühl. Das heißt, er spricht damit die Beziehungsebene (ein Teil des Menschen) an.
Jede Wortmeldung eines Zuhörers muss bestätigt werden. Solche Bestätigungen können Aussagen sein:

- Das ist ein guter Punkt.
- Ich sehe, was Sie meinen.
- Sie sprechen genau den Punkt an.
- Ich verstehe Sie.
- Sehr gut, dass Sie das erwähnen.
- Herr/Frau ...
- Der Punkt, den Sie hier aufnehmen, ist ein ganz entscheidender.
- Ich freue mich, dass dieser Punkt von Ihnen kommt.
- Das bedauere ich sehr.
- Das tut mir leid.
- Ausgezeichnet!

Gleichzeitig geben diese Bestätigungen dem Präsentator die Zeit, um zu überlegen, ob und wie er inhaltlich auf diese Aussage reagieren soll. Zusätzlich strahlt er in diesem Moment eine große Sicherheit aus.

Die Frage

Eines der wichtigsten rhetorischen Mittel ist die Frage. Mit der Frage wird der andere Teil des Menschen, die Sachebene (Thema), angesprochen. Ich nenne das auch „der Denker" oder „der Kopf".
Viele Teilnehmer in meinen Trainings kennen zwar einige Vorteile der Frage und wissen sogar, welche Arten von Fragen es gibt. Dies genügt aber nicht. Die Anwendung derselben ist meistens das große Problem.

Aus diesem Grund möchte ich hier etwas genauer auf die Frage eingehen.
Wenn wir im Folgenden die Frage etwas tiefer behandeln, sprechen wir immer von der ehrlich gestellten Frage. Eine ehrlich gestellte Frage zeichnet sich dadurch aus, dass sie ohne jegliche Unter- und Übertöne oder Zusatzbemerkungen, aber auch ohne unnötige Gesten oder Mimik gestellt wird. Jede Frage kann nämlich dadurch leicht unehrlich wirken und bereits eine Meinung des Fragestellers enthalten. Es ist äußerst schwierig, ehrlich eine Frage zu formulieren und zu stellen.
Fragen haben Vorteile.

Wer fragt, führt ein Gespräch.

Schauen Sie sich als Beispiel die vielen Moderatoren und Journalisten an, die in ihren Radio- und Fernsehsendungen immer als Besitzer der jeweiligen Sendung dargestellt werden, z. B. „Die Sendung von ...“. Und dies nur deshalb, weil sie es sind, die den Gästen die Fragen stellen.

Wer fragt, wirkt aktiv und stark.

Als Beispiel können hier die Anwälte oder Richter herangezogen werden. Sie scheinen bei ihren Befragungen immer in der aktiven und starken Rolle zu sein.

Wer fragt, erhält Informationen auf der Sach- und Beziehungsebene (Gefühle).

Wer gut fragt, wird feststellen, dass die Menschen, die befragt werden, generell gerne zu reden beginnen. Bei jeder Antwort oder Aussage eines Menschen werden nicht nur Inhalte (Sachebene), sondern auch Gefühle (Beziehungsebene) über Ton, Tonfall, Lautstärke, Wortwahl, Augen, Gesten usw.

geäußert. All diese Informationen sind wichtige Hinweise für den Präsentator bezüglich der Art und Weise, in der er auf die Wortmeldung eingehen soll.

Wer fragt, kann das Thema wechseln.

Es gibt Momente, in denen der Präsentator lieber nicht zu einem Thema Stellung nehmen möchte. Die Frage ermöglicht es ihm, das Thema zu verschieben oder sogar ein anderes Thema aufzugreifen.

Wer fragt, ist sachlich.

Wer eine Frage stellt, konzentriert sich auf das Thema. Dies hilft vor allem auch in den Situationen, wo der Zuhörer mit seiner Frage eher unsachlich, d. h. aggressiv, polemisch, lächerlich wirkt.

Wer fragt, macht keine Fehler.

Wenn jemand redet und damit Aussagen macht, produziert er aus der Sicht des Partners laufend Fehler. Dies ist besonders dann der Fall, wenn er einen Partner gegenüber hat, der schlecht zuhören kann oder gegenüber dem Sprechenden kein positives Gefühl hat. Mit einer Frage wird das unmöglich gemacht.

Wer fragt, regt zum Denken an.

Nicht nur das Beantworten einer Frage, sondern auch das Formulieren und Stellen einer Frage erfordert es, dass man denkt. Viele Menschen beginnen zwar den Satz mit „Ich habe eine Frage“, machen dann aber eine Aussage. Oftmals muss ich in meinen Trainings nachfragen: „Was ist Ihre Frage?“ Ei-

ne Frage zu stellen heißt, seine Meinung zurückzustellen, und das gelingt vielen nicht. Der Präsentator kann mit Hilfe einer Frage alle Zuhörer auf einmal aktivieren.
In dieser Situation gebrauche ich häufig die Aussage:

Denken tut weh und geht langsam!

Wer fragt, analysiert und prüft die Situation objektiv.

Die Frage ist das einzige Mittel, um eine Situation objektiv zu prüfen. So kann der Präsentator mit einer Gegenfrage auf eine eher aggressive Aussage prüfen, was wirklich hinter derselben steckt: Wollte sich der Fragende profilieren, wollte er den Präsentator angreifen, wollte er einfach wieder einmal einen Beitrag leisten, ohne sich wirklich zu beteiligen, usw.

Wer fragt, gewinnt Zeit.

Bei Diskussionen oder überraschenden Fragen während einer Präsentation ist es manchmal äußerst schwierig für den Präsentator, die passende und richtige Antwort zu finden. Die Gegenfrage gibt ihm die Möglichkeit, noch etwas mehr Zeit zu gewinnen. In einem Gespräch können einige wenige Sekunden entscheidend weiterhelfen.

Wer fragt, erregt Aufmerksamkeit und weckt Interesse.

Im Laufe einer Präsentation, und mag sie noch so gut sein, verlieren die Zuhörer von Zeit zu Zeit immer wieder die Aufmerksamkeit und das Interesse. Durch Fragen holt der Präsentator die Zuhörer wieder zum Thema zurück. Das heißt, dass bei einer Frage die Angesprochenen ihre Augen und Ohren sofort wieder dem Präsentator widmen.

Arten von Fragen

Die wichtigsten Fragearten sind die:

- offene Frage
- geschlossene Frage
- rhetorische Frage

Die offene Frage

Die offene Frage, auch W-Frage genannt, weil sie mit den Fragewörtern was, wo, wer, wie, wann, welche, wie viel, warum beginnt, ist die Frage, die am meisten zum Denken anregt. Gleichzeitig ist sie aber auch die Frage, die am schwierigsten zu formulieren ist. Viele Fragenden wollen zwar offen sein, verstecken aber in ihrer Frage bereits die eigene Antwort und stellen dann die Frage in der geschlossenen Form. Sie wollen bei den meisten Fragen lediglich eine Bestätigung ihrer bereits festgelegten Meinung haben.
Eigentlich ist das eine traurige Geschichte. Als Kind, als man noch nicht von Gefühlen, Erfahrungen, Programmen, Meinungen und Vorurteilen geprägt war, war es kein Problem, eine offene Frage zu stellen. Je länger man jedoch zum Fachmann ausgebildet wurde, desto schwerer fällt es einem, offen zu sein und eben eine offene Frage zu stellen.
Der Präsentator muss mit offenen Fragen sehr gut umgehen können, damit zeigt er auch, dass er trotz seiner Meinungen und Ideen, die er in seiner Präsentation vertritt, offen für andere ist.

Die geschlossene Frage

Eine geschlossene Frage ist eine Frage, die mit Ja oder Nein beantwortet werden kann. Sie verlangt vom Angesprochenen eine Entscheidung. Die geschlossene Frage dient vor allem

bei Präsentationen und Gesprächen dazu, einen Punkt aus der Diskussion zu erledigen und abzuschließen. Solange bei einem angesprochenen Thema nicht eine geschlossene Frage gestellt wurde, ist das Thema nicht abgeschlossen.
Selbst bei der geschlossenen Frage ist darauf zu achten, dass nicht wieder die eigene Meinung darin integriert wird. Sonst handelt es sich nämlich sofort um eine Suggestivfrage, d. h. der Präsentator will dem Zuhörer suggerieren, dass er mit der Meinung des Präsentators vollständig übereinstimmt.
Ohne an dieser Stelle weiter auf die Suggestivfrage einzugehen, sei erwähnt, dass diese Art von Frage in einer Präsentation wenig bis gar keinen Platz hat, da der Präsentator übermäßigen Druck auf die Zuhörer ausübt. Und dies zeugt nicht von Selbstsicherheit und Professionalität.

Die rhetorische Frage

Die rhetorische Frage ist die Frage, die sich selbst beantwortet. Sie dient bei Präsentationen vor allem dazu, die Aufmerksamkeit und das Interesse der Zuhörer wieder zu holen bzw. neu zu wecken.
Diese Frage ist bei Politikern sehr beliebt, da sie einerseits alle Vorteile der Frage nutzen, aber selbst gleich ihre eigene Meinung einbringen können.
Bei der rhetorischen Frage kann es sich wieder um eine offene oder geschlossene Frage handeln. Vorzugsweise ist sie in der offenen Form zu stellen.
Die rhetorische Frage kann auch dazu dienen, eine Präsentation zu strukturieren. Der Präsentator kann sich selbst die Fragen stellen, von denen er annimmt, dass diese die Zuhörer besonders interessieren, und er kann die ganze Struktur der Präsentation entsprechend gestalten.

Der professionelle Präsentator muss das Mittel der Frage sehr gut beherrschen.

Praxishilfe: Fragen in der Interaktion

- Gebrauchen Sie bei der Interaktion vor allem offene Fragen.
- Streuen Sie von Zeit zu Zeit rhetorische Fragen in Ihre Präsentation ein, um die Aufmerksamkeit und das Interesse wieder zu wecken.
- Bereiten Sie mit der Vorbereitung Ihrer Präsentation bereits einen Katalog von offenen Fragen vor.
- Formulieren Sie kurze, einfache und verständliche Fragen.
- Schließen Sie jedes Thema mit einer geschlossenen Frage an den Fragesteller ab, um sicher zu sein, dass für ihn das Thema auch behandelt und erledigt ist.

Das Zuhören

Das Zuhören gehört wahrscheinlich zum schwierigsten Mittel überhaupt. Die meisten Menschen hören zwar hin, aber nicht richtig zu. Dies geschieht deshalb, weil im Moment, in dem der Partner den Mund aufmacht und zwei bis drei Wörter gesagt hat, intuitiv bereits eine Lösung produziert wird. Dies kann in Form eines Angriffes oder einer Flucht erfolgen. Und sofort hört man nicht mehr zu.

Aus der Kommunikationsforschung weiß man, dass ein Mensch mit höchster Konzentration im Schnitt ca. acht Wörter auf einmal aufnehmen kann.

Dazu gibt es einige Hinweise, wenn ein Zuhörer bei einer Präsentation eine Wortmeldung hat:

Praxishilfe: Zuhören in der Interaktion

- Hören Sie sofort auf zu sprechen, wenn ein Zuhörer das Wort ergreift.
- Gehen Sie einen Schritt auf den Zuhörer zu.
- Fixieren Sie den Zuhörer vollständig mit Ihrem Blick.
- Machen Sie die Ohren weit auf.
- Nicken Sie, um zu zeigen, dass Sie versuchen, ihn zu verstehen.

Die Aussage

Auf Fragen und ebenfalls sehr oft auf Aussagen der Zuhörer wird vom Präsentator eine Aussage erwartet. Diese Aussage muss, um professionell zu wirken, folgende Kriterien erfüllen:

Praxishilfe: Aussagen in der Interaktion

- Beantworten Sie genau das, was der Zuhörer gefragt hat.
- Machen Sie kurze, einfache und verständliche Aussagen.
- Versuchen Sie, die Aussagen immer mit Vor- oder Nachteilen zu untermauern.

4.10 Argumentation

Um Zuhörer von etwas zu überzeugen und zu begeistern, muss der Präsentator entsprechende Argumente vortragen.
Ein Argument besteht aus zwei Teilen, nämlich aus einem Merkmal und aus einem Vorteil. Die Amerikaner nennen das „Features“ und „Benefits“.

Kein Zuhörer kann sich für eine Idee entscheiden, wenn ihm nicht die Argumente dafür oder dagegen präsentiert werden. Vorteile lassen sich in folgende Kategorien einteilen, damit sie jedermann verständlich gemacht werden können:

- Wirtschaftlichkeit (verdienen, gewinnen, sparen, rationalisieren)
- Sicherheit
- Komfort – Bequemlichkeit
- Persönliche Betreuung
- Prestige

Die meisten Präsentatoren machen dabei folgende Fehler:

- Sie präsentieren Merkmale und nicht Vor- oder entsprechende Nachteile.
- Sie formulieren die Vor- oder Nachteile in der Wir-Form anstatt in der zuhörerorientierten Sie-Form.
- Sie visualisieren die Vor- und/oder Nachteile nicht und heben sie damit auch nicht besonders hervor.

Wenn die Vorteile bei den Zuhörern wirklich ankommen sollen, so sind folgende Hinweise zu beachten:

Praxishilfe: Argumentation

- Präsentieren Sie von jedem Merkmal die Vorteile für die Zuhörer.
- Benutzen Sie die Sie-Form:
  - Sie haben den Vorteil …
  - Das bedeutet für Sie …
  - Mit Ihrer Organisation können Sie …
  - Aus diesem Umstand ergeben sich folgende Vorteile …
  - Sie …

Nachteilsargumentation

In den meisten Situationen genügt es, die Vorteile zu präsentieren. Es gibt jedoch Momente, in denen es empfehlenswert ist, Nachteile zu präsentieren, da die Gefühlswelt durch die Präsentation von Nachteilen viel stärker angesprochen wird.

Nutzen

Das Wort „Nutzen“ ist heute in aller Munde. Was ist das eigentlich?
Unter Nutzen verstehen wir im Idealfall die Aussage des Partners, in unserem Falle des Zuhörers, bezüglich „irgendetwas“. Ein Präsentator, der gut analysiert und interaktiv arbeitet, erhält durch seine Fragen automatisch die Formulierungen der Zuhörer. Will er nun nicht nur ein Argument, sondern auch einen Nutzen präsentieren, so wiederholt er bei der Präsentation genau die Formulierung, die er von einem Zuhörer zu einem früheren Zeitpunkt erhalten hat, und kann sich so seiner sicher sein.

Argumentation bei Einwänden und Angriffen

Bei der Vorbereitung hat der professionelle Präsentator bereits eine Argumentationsliste für die schwierigsten Einwände und Angriffe erstellt. Diese Argumente werden jetzt gebraucht.
Dabei können u. a. zwei Argumentationsmethoden eingesetzt werden:

- Dialektische Methode
- Dramaturgische Methode

Bei der dialektischen Methode setzt der Präsentator zuerst das schwächste, dann das mittelstarke und schließlich das

stärkste Argument ein. Er versucht somit schrittweise den Einwand oder Angriff zu entkräften bzw. zu zerschlagen. Der unvorbereitete Zuhörer wird in den meisten Fällen dem mittelstarken Argument schon nichts mehr entgegenzuhalten haben.
Die dramaturgische Methode besagt, dass zuerst das mittelstarke, dann das schwächste und schließlich das stärkste Argument eingesetzt werden soll. Damit geht der Präsentator zuerst auf Konfrontation, gibt sich dann anscheinend mit dem schwächsten Argument eher geschlagen, um danach den unvorbereiteten und sich als Sieger sehenden Zuhörer endgültig zu entwaffnen.

Die Augustoni-Gesprächsregel

Die drei behandelten sprachlichen Mittel wie Bestätigung, Frage und Zuhören werden erst richtig wirksam, wenn sie nicht nur als einzelne Elemente, sondern auch miteinander verknüpft zur Anwendung gelangen.
Nur dann wird derjenige, der eine Frage gestellt oder eine Aussage gemacht hat, als Mensch ganzheitlich behandelt.
Mit der Bestätigung behandelt der Präsentator die Beziehungsebene (Gefühl). Mit der Aussage versucht er mit Hilfe der Argumente das Gefühl und das Thema anzusprechen. Mit der Frage wird der Denker angeregt.

Praxishilfe: Augustoni-Gesprächsregel

Mund auf – Bestätigung – kurze Aussage, wenn notwendig – Frage – Mund zu

Bild 10: *Augustoni-Gesprächsregel*

Werden diese Elemente nicht so kombiniert, kann der Präsentator schwach oder aggressiv und damit unprofessionell wirken.

Negatives überhören – Positives verstärken

Da der Mensch sclektiv wahrnimmt und ihn negative Aussagen stärker berühren als positive, muss der Präsentator auch über diese Methodik verfügen.
Was sagt diese Methodik aus?
Es gibt immer wieder Wortmeldungen von Zuhörern, die sowohl eine negative als auch eine positive Botschaft enthalten wie z. B.:
„Ich findc das gut, aber bei diesem Teil bin ich überhaupt nicht einverstanden."
Normalerweise hat der Mensch die Tendenz, sofort auf den zweiten Teil einzugehen. Es gibt nun Situationen, die sowohl für den Präsentator wie auch für die Zuhörer sehr negativ sind.
In solchen Situationen kann der Präsentator gezielt die positive Botschaft entnehmen und diese hinterfragen.
Beispiel:
„Herr …, das freut mich, dass Sie das gut finden. Welche Punkte gefallen Ihnen denn besonders?"

Dadurch konzentriert sich die Diskussion zuerst einmal auf das Positive, und es können wieder gute Gefühle im Raum produziert werden.
Ob der Präsentator danach direkt auf den negativen Teil der Aussage eingeht oder ob er ihn auf einen späteren Zeitpunkt verschiebt, kann er während der ersten Phase leichter entscheiden.

Praxishilfe: Positives verstärken

- Wenden Sie in sehr negativen Situationen diese Methode an.
- Vergessen Sie dabei nie die Bestätigung.
- Folgen Sie strikt der Augustoni-Gesprächsregel.

5 Der Präsentator

Bild 11: *Der Präsentator*

Der Präsentator ist für den Erfolg einer Präsentation der wichtigste Faktor überhaupt. Wäre dies nicht der Fall, so könnte der ganze Inhalt, die ganze Präsentation auch in Form von Unterlagen an die Zuhörer abgegeben werden.
Die Mittel, die ihm persönlich zur Verfügung stehen, sind:

- Sprache
- Körper

Auf den ersten Blick scheint dies etwas wenig zu sein. Bei genauerer Betrachtung stellen wir aber fest, dass es sich dabei um eine sehr umfangreiche Liste von einzelnen Elementen handelt.
Je bewusster und professioneller der Präsentator mit diesen Elementen umgeht, desto größer ist die Erfolgschance.

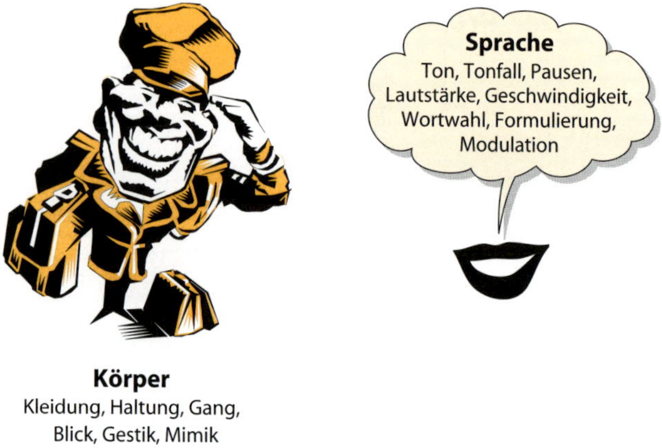

Bild 12: *Sprache und Körper*

Sicherheit in Sprache und Körper erhöhen die Überzeugungskraft!

5.1 Die Sprache

Die Sprache ist ein unwahrscheinlich wirksames Mittel der Kommunikation. Verdeutlichen wir uns nur einmal, welche Feinheiten über die Sprache ausgedrückt werden können. Denken Sie dabei z. B. an die Kommunikation mit dem Telefon.

Diese Feinheiten werden durch die vielen Elemente der Sprache wie Ton, Tonfall, Wortwahl, Tempo, Lautstärke usw. ermöglicht.

Ton und Tonfall

„Der Ton macht die Musik" – das französische Sprichwort besagt, dass nicht das, was gesagt wird, entscheidend ist, sondern wie es gesagt wird.
Der Ton und der Tonfall sollten sich, wie das normalerweise beim Sprechen in der Familie auch der Fall ist, dauernd verändern. Dies gibt der Sprache die notwendige Dynamik und verhindert, dass die Zuhörer den Präsentator als monoton empfinden.

Lautstärke

Die Lautstärke muss in jedem Fall der Größe des Raumes und der Anzahl der Zuhörer angepasst werden. Um dies einzuüben, empfiehlt sich auch wieder eine Probe im Raum, in dem dann tatsächlich die Präsentation auch durchgeführt wird.
Die Präsentatoren, die über eine eher laute Stimme verfügen, müssen prüfen, ob sie nicht zu autoritär und damit überheblich und unsicher wirken.
Die Präsentatoren, die eher über eine zu leise Stimme verfügen, müssen sich überlegen, ob sie nicht mit Mikrofon arbeiten sollten. In diesem Fall ist jedoch auf jeden Fall eine Probe kurz vor der eigentlichen Präsentation durchzuführen, um jedes akustische Überschlagen des Mikrofons zu verhindern und den ersten guten Eindruck nicht zu zerstören, den der Präsentator bei der Präsentation erreichen will.
Wichtig ist auch, während der Präsentation bewusst die Lautstärke zu verändern. Zur Hervorhebung von besonders wichtigen Aussagen muss die Stimme auf jeden Fall bewusst angehoben oder aber auch gesenkt werden. Damit können gewisse Stellen der Präsentation noch wirkungsvoller gestaltet werden.

Es gibt zwei Momente, in denen die Stimme auf jeden Fall angehoben werden muss, um die Aufmerksamkeit der Zuhörer zu erhalten. Dies sind die Begrüßung und Einleitung sowie die Aufforderung und Verabschiedung.

Sprechtempo

Die meisten Präsentatoren sprechen viel zu schnell und artikulieren dadurch schlecht, d. h. sie sprechen die Wörter undeutlich aus. Dies wird bei den meisten durch die persönliche Unsicherheit und Nervosität verursacht. Um dies zu verhindern, ist Folgendes zu beachten:

Praxishilfe: Sprechtempo

- Sprechen Sie die ganze Präsentation vorher einmal durch, wenn möglich in einer Probepräsentation, und stoppen Sie die Zeit.
- Streichen Sie, wenn notwendig, unwichtigere Teile Ihrer Präsentation.
- Machen Sie klare Pausen nach bestimmten Abschnitten. Bezeichnen Sie diese Pausen klar in Ihrem Manuskript. Sollten Sie mit Handzetteln arbeiten, scheuen Sie sich nicht, einen Handzettel mit der Notiz „Pause" zu machen.

Pausen

Sprechpausen sind, wie bei der Musik die Pausen zwischen den Tönen, sehr wichtig. Pausen sind ein wichtiger Bestandteil des Sprechens.

Pausen geben dem Präsentator die Möglichkeit, sich zu beruhigen, durchzuatmen und neue Gedanken zu fassen. Gleichzeitig geben sie den Zuhörern die Möglichkeit, die Informationen, die sie soeben erhalten haben, und den Sinn richtig zu verstehen.

Pausen sind für das Publikum auch sehr angenehm und wecken die Aufmerksamkeit und das Interesse der Zuhörer von neuem.

Praxishilfe: Sprechpausen

- Machen Sie bewusst Pausen.
- Machen Sie am Anfang Ihrer Präsentation bewusst eine Sprechpause: stehen (nichts sagen, Pause) – schauen – lächeln – beginnen zu reden.
- Machen Sie auch vor der Beantwortung einer Frage eine kurze Pause, und lassen Sie sich Zeit zum Denken.

Leider haben auch viele Präsentatoren Angst vor der Stille.

Artikulation

Da für den Zuhörer alles neu ist, muss besonders darauf geachtet werden, dass man sehr deutlich spricht und keine Endungen, Silben oder sogar ganze Wörter verschluckt.
Immer wieder passiert es, dass der Präsentator – oft aus der Nervosität heraus – diesen Fehler begeht.
In diesem Zusammenhang ist es von Bedeutung, dass der Präsentator, auch wenn er Mittel zur Visualisierung einsetzt, immer den Blickkontakt zu den Zuhörern hat. Damit können die Zuhörer nämlich auch von „seinen Lippen ablesen".

Einfachheit

Der wahre Fachmann zeichnet sich dadurch aus, dass er auch höchst komplizierte Zusammenhänge einfach ausdrücken kann. Eine gute Übung in der Vorbereitung besteht deshalb darin, seine Präsentation vor Nichtfachleuten zu halten.

Zudem muss sich jeder Präsentator darüber im Klaren sein, dass die Zuhörer nicht über sein spezifisches Wissen verfügen und demzufolge das Komplizierte nicht verstehen.
Die Amerikaner haben dafür einen Ausdruck, den jeder Präsentator immer wieder beherzigen sollte:

KISS = Keep it simple and stupid
(Halte es einfach und dumm)

Auch wenn dieser Satz in unserer komplizierten und technischen Welt auf Widerstand stoßen mag, ist er bei der Vorbereitung einer Präsentation immer wieder anzuwenden.

Fremdwörter und Abkürzungen

Viele Präsentatoren scheinen sich durch möglichst viele Fremdwörter und Abkürzungen profilieren zu wollen. Der wahre Fachmann zeichnet sich dadurch aus, dass er auch höchst komplizierte Ausdrücke in einfache Worte fassen kann.

Wiederholungen

Wiederholungen dienen dazu, einen besonders wichtigen Gedanken oder Hinweis zu verstärken und bei den Zuhörern noch stärker zu verankern.
Eine besonders starke Wirkung kann erzielt werden, wenn eine bestimmte Botschaft stets wiederholt wird.

Tätigkeitswörter (Verben)

Um die Präsentation leicht verständlich zu machen, sollte der Präsentator Verben einsetzen. Diese wirken im Gegensatz zu Hauptwörtern (Substantiven) aktiv.

In der deutschen Sprache, und dies vor allem in der Schriftsprache, werden leider häufig Hauptwörter eingesetzt, was der Sprache etwas Statisches und Schweres verleiht. In den meisten Fremdsprachen wird viel häufiger mit Verben formuliert. Dies macht die Sprache dynamisch und leicht.
Im gleichen Zusammenhang muss die Formulierung von Sätzen erwähnt werden.

Formulierung von Sätzen

In der Schriftsprache werden häufig schwierige Satzkonstruktionen gewählt, die dann durch viele Nebensätze noch unverständlicher gemacht werden. Der Leser einer schriftlichen Information kann, wenn er etwas nicht verstanden hat, diese nochmals lesen und versuchen, sie Schritt für Schritt zu verstehen.
Dies ist dem Zuhörer nicht möglich. Was er nicht verstanden hat, kann er nicht mehr nacharbeiten. Aus diesem Grund muss der Satz so einfach formuliert werden, dass er ihn leicht verstehen kann. Dies geschieht durch die Beachtung folgender Punkte:

Praxishilfe: Formulieren von Sätzen

- Formulieren Sie kurze Sätze.
- Setzen Sie das Verb möglichst weit vorne im Satz.
- Gebrauchen Sie einfache und verständliche Wörter.
- Erklären Sie Fremd- und Fachwörter, wenn Sie die auf jeden Fall gebrauchen müssen.
- Verwenden Sie Wörter mit möglichst wenig Silben.

Beispiele

Ein guter Präsentator ist stets auf der Suche nach guten Beispielen. Beispiele helfen, das Gesagte zu unterstreichen, zu verstärken und noch besser zu verstehen. Leider ist ein treffendes Beispiel sehr schnell veraltet, d. h., man kann es zwar zum gleichen Thema einer Präsentation einige Male bringen, aber in anderen Zusammenhängen müssen neue Beispiele gefunden werden.

Schwache Aussagen

Von einem Präsentator werden auch in seinen Aussagen Stärke und Sicherheit erwartet. Aus diesem Grund muss er es vermeiden, schwache Aussagen, wie „ich glaube, ich hoffe, möglicherweise, eventuell“ usw., zu gebrauchen.

Humor

Humor ist, wenn er passt, einer der besten Verstärker in einer Präsentation. Leider hat nicht jeder Mensch das gleiche Verständnis von Humor. Und demzufolge ist es äußerst schwierig, den „richtigen“ Humor zu treffen.
Im Zweifelsfalle muss der Humor weggelassen werden, um niemanden ohne Verständnis für Humor als Zuhörer zu verlieren.

5.2 Die Körpersprache

Der Mensch ist auf nichts so stark fixiert wie auf Körpersignale. Bewusst oder unbewusst beobachtet er während eines Gespräches und natürlich auch während einer Präsentation den Körper seines Gegenübers. Selbst in Momenten, die verbal sehr intensiv sind, entgeht uns visuell nichts.

Da sich nur wenige Menschen in ihrem Leben bewusst mit dem Körper, den Elementen und Ausdrucksformen auseinander setzen und diese bewusst studieren, bleibt er für viele Menschen etwas Selbstverständliches und zugleich etwas Fremdes.

Äußere Erscheinung

Die äußere Erscheinung beinhaltet folgende Elemente:

- Kleidung
- Outfit, Mappe und Schreibzeug
- Körperpflege

Mag es auch noch so fremd tönen, so ist es doch Tatsache, dass durch diese drei Elemente auch die Qualität der Präsentation repräsentiert wird.
So erwartet man z. B. von einem Vertreter für Mercedes auf jeden Fall, dass er auch diesbezüglich die höchste Qualität an den Tag legt.

Kleidung

Kleidung ist ein Ausdruck von Qualität und Status, aber auch von Wertschätzung gegenüber einer Person oder einem Anlass. So kleidet man sich z. B. bei Hochzeiten, Geburtstagen usw. anders, als wenn man auf eine Wanderung geht.
Im Allgemeinen fühlen sich Leute, die gut gekleidet sind, sicherer und selbstbewusster.
Das Aussehen des Präsentators repräsentiert die Qualität des Inhaltes. Stellen Sie sich vor, es wird ein guter Inhalt in zerrissenen Jeans und Hemd vorgetragen. Automatisch wird die Reaktion des Publikums schlecht sein, weil der erste Eindruck immer der Präsentator ist.

Gute Kleidung ist Ausdruck von guter innerer Einstellung, Sorgfältigkeit, Verlässlichkeit und Genauigkeit.

Praxishilfe: Kleidung

- Überlegen Sie sich vor der Präsentation genau, in welcher Kleidung Sie sich wohl fühlen.
- Überlegen Sie genau, welche Qualität Sie mit Ihrer Präsentation vermitteln wollen, und kleiden Sie sich dementsprechend.
- Überprüfen Sie vor der Präsentation nochmals Ihre Kleidung.

Outfit, Mappe und Schreibzeug

Auch Mappe und Schreibzeug sagen viel über den Präsentator aus.
Stellen Sie sich vor, Sie präsentieren eine Strategie, in der Sie bei der Geschäftsleitung große finanzielle Ressourcen beantragen, und Ihr Outfit ist so, als ob Sie sich nichts anderes leisten könnten.

Praxishilfe: Outfit

- Kaufen Sie sich eine schöne Mappe mit entsprechendem Schreibzeug.
- Gebrauchen Sie dieses Outfit nur für besondere Gelegenheiten, z. B. für Präsentationen.

Körperpflege

Sie werden sich fragen, weshalb im Rahmen einer solchen Abhandlung über die professionelle Präsentation so ein Thema überhaupt aufgenommen wird.

Ich tue es deshalb, weil ich an zu vielen Präsentationen feststelle, dass der Präsentator z. B. ungekämmt oder nicht sauber rasiert erscheint. Es mögen kleine Dinge sein, aber schon unseren Kindern geben wir immer wieder diese Grundregeln der Körperpflege mit.

Praxishilfe: Körperpflege

- Gehen Sie vor wichtigen Präsentationen zum Friseur.
- Überprüfen Sie vor der Präsentation, ob Sie gekämmt sind.
- Überprüfen Sie Ihren Atem von Zeit zu Zeit und halten Sie irgendwelche Bonbons bereit.

Haltung

Die Haltung eines Menschen sagt in hohem Maße etwas über seinen Gefühlszustand und auch seine persönliche Stärke aus. Menschen, die mit Sorgen und Ängsten beladen sind, haben generell eher einen geneigten Körper, d. h. es lastet etwas auf dem Körper, was es dem Menschen in diesem Moment nicht erlaubt, aufrecht zu stehen oder zu gehen. Ein anderer wichtiger Aspekt ist, dass die Mehrzahl der Menschen in der heutigen Gesellschaft viel Zeit sitzend verbringen und die aufrechte natürliche Haltung, die in früheren Zeiten noch öfter anzutreffen war, verloren geht.

Entsprechend dem Therapeuten Matthias Alexander scheint der Hals dabei eine ausschlaggebende Rolle zu spielen. Man bedenke nur, dass sich im Hals alle lebensnotwendigen Verbindungen wie z. B. die Verbindungen zwischen Herz und Gehirn befinden. Matthias Alexander hat demzufolge auch ein Training entwickelt, das hilft, die Haltung zu verbessern. Die Verbesserung der Haltung bringt automatisch eine Ver-

besserung des Gleichgewichtes und damit der persönlichen Stärke mit sich.
Die Haltung des Präsentators gehört zu den wichtigsten Elementen der Körpersprache und gibt Auskunft über dessen Sicherheit und Selbstvertrauen.
Bedauerlicherweise haben die Menschen im Allgemeinen eine schlechte Haltung. Dabei spielt es eine große Rolle, dass Sie als Präsentator über eine gute Grundhaltung verfügen. Sie verteilen Ihr Gewicht auf beide Füße, wobei diese schulterbreit gespreizt voneinander entfernt sind. Dabei stehen Sie aufrecht und lassen die Schultern und Arme hängen. Zum Einüben einer solchen Haltung stellen Sie sich am besten vor den Spiegel. Versuchen Sie dann minutenlang so zu stehen. Auch wenn Sie es am Anfang nicht so empfinden, das ist die natürlichste und entspannendste Haltung, die Sie einnehmen können. Vermeiden Sie unnötige Bewegungen.
Erst wenn Sie diese Haltung beherrschen und damit zeigen, dass Sie stark sind, können Sie zur Bewegung übergehen. Es ist nämlich so: Nur wer gut stehen kann, kann gehen. Auch Kleinkinder lernen zuerst stehen und dann gehen.
Erst wenn Sie einen einigermaßen guten Stand erreicht haben, lernen Sie, die ersten Schritte zu machen. Es ist genau gleich wie beim Kleinkind.
Das Gehen, d. h. die Bewegung will nämlich auch gelernt sein.

Bewegung

Die Bewegung des Körpers dient in der Präsentation dazu, die Aufmerksamkeit des Publikums weiter auf sich zu lenken. Aus diesem Grund müssen die Bewegungen bewusst und kontrolliert sein.

Jedes Gehen beginnt im Kopf, d. h. der Präsentator gibt sich selbst den Befehl: „Jetzt werde ich vor den Hellraumprojektor treten“ oder „Jetzt gehe ich auf Herrn X zu und werde ihm eine Frage stellen“ usw. Und erst dann tut er es.
Wenn wir uns an die alten Fernsehstudios erinnern, so waren damals die Schritte der Moderatoren genau aufgezeichnet, u. a. auch deshalb, um die Sendung aktiver zu gestalten und noch stärkere Aufmerksamkeit der Zuschauer zu erhalten.
Das Gesagte muss durch die Bewegung unterstützt werden. Beachten Sie folgende Regeln:

Praxishilfe: Haltung und Bewegung

- Folgen Sie am Anfang einer Präsentation der Regel: ruhig und aufrecht stehen – schauen – lächeln – zu reden beginnen.
- Gehen Sie immer wieder in die Grundhaltung zurück.
- Gehen Sie kontrolliert und langsam auf die Zuhörer zu.
- Bei Fragen und Angriffen gehen Sie auf den Fragenden zu.
- Wenn Sie etwas hervorheben wollen, gehen Sie einen Schritt vorwärts.
- Wenn ein anderer sich präsentieren will, gehen Sie zurück.

Distanzen

Mit Distanzen sind die räumlichen Abstände zwischen zwei Personen gemeint. Diese spielen in der Präsentation ebenfalls eine Rolle, weil sehr leicht – und dies geschieht nicht selten – Distanzen verletzt werden.
Das menschliche Verhalten bezüglich der Distanzen scheint unbewusst, d. h. instinktiv geregelt zu sein.

Grundsätzlich werden vier Distanzen oder Zonen unterschieden:

- Intime Distanz oder Intimzone
- Persönliche Distanz
- Soziale Distanz
- Öffentliche Distanz

Intimzone

Die Intimzone beträgt ungefähr eine halbe Armlänge. Die Personen, die man freiwillig in diese engste Zone eintreten lässt, genießen ein hohes Vertrauen. Dies sind z. B. Menschen, die einen umarmen oder mit der Hand durchs Haar fahren dürfen.
Bei einer Präsentation darf der Präsentator nie in die Intimzone eintreten.
Bei diesem Punkt taucht nun eine Besonderheit in Bezug auf die Gesprächspräsentation auf.
Gesprächspräsentationen finden am Tisch im Rahmen einer Verhandlung oder Diskussion statt. Dabei betrachtet jeder Gesprächspartner die Hälfte des Tisches als seine „Zone“. Es geschieht nun relativ häufig, wie ich als Trainer und Teilnehmer solcher Runden feststellen kann, dass der Präsentator in die Zone des Partners „eindringt“ und damit die Distanz verletzt. Dies geschieht z. B. dann, wenn er Unterlagen, Listen oder Zeichnungen einsetzt. In den wenigsten Fällen ist er sich dieser Distanzverletzung bewusst.
Der professionelle Präsentator wird in solchen Situationen den Gesprächspartner immer um Erlaubnis bitten, dass er die andere Hälfte des Tisches auch beanspruchen möchte. Dies geschieht z. B. mit Hilfe der Frage: „Darf ich Ihnen das anhand dieser Zeichnung zeigen?“

Dieselbe Situation entsteht, wenn der Präsentator dem Partner bereits eine Unterlage übergeben hat und noch einmal mit Hilfe dieser Unterlage etwas aufzeigen möchte. Er darf sich auf keinen Fall einfach die Unterlage von der Tischhälfte des Partners zurückholen. Auch hier wird das mit Hilfe der Frage gemacht: „Darf ich Ihnen das kurz in Ihrer Unterlage zeigen?“

Die Größe der Intimzone hängt im Übrigen nicht nur von kulturellen Gegebenheiten, sondern auch vom Status einer Person und der Tagesform ab.

Einer Person mit einem hohen Status wird eine größere Intimzone zugestanden als einer Person mit niedrigem Status. Je besser die Stimmung und Tagesform ist, desto sicherer fühlt sich eine Person. Je sicherer sich eine Person fühlt, desto näher kann man ihr kommen.

Persönliche Distanz

Die persönliche Distanz beträgt ungefähr eine halbe bis eine Armlänge. Diese Distanz setzen wir in der Präsentation bewusst ein, nämlich dann, wenn wir die Zuhörer persönlich und mit Handschlag begrüßen und verabschieden.

Dies sind im Übrigen in unserer Kultur die einzigen Berührungen, die keine Distanzverletzungen darstellen.

Auch hier mache ich in meiner Praxis oftmals die Erfahrung, dass vor allem im Rahmen der Gesprächspräsentation die Distanzen verletzt werden. Es gibt immer wieder Präsentatoren, die ihre Gesprächspartner zum Beispiel um das Handgelenk herum anfassen oder sogar ihren Arm auf die Schulter des anderen legen.

Das ist ein sehr gefährliches Verhalten, weil man dem Partner viel zu nahe kommt. Es handelt sich bei diesem Verhalten um eine ausgesprochen starke Distanzverletzung. Es kann in vielen dieser Situationen beobachtet werden, dass der andere sich unsicher und bedrängt fühlt und aus diesem Grund sofort in die Abwehrhaltung geht.

Soziale Distanz

Die soziale Distanz beträgt eine bis anderthalb Armlängen. Das ist die Distanz, die in Gesprächen und Diskussionen normalerweise von Bedeutung ist. Es sei an dieser Stelle noch einmal auf die Distanzverletzungen bei Gesprächspräsentationen hingewiesen (siehe Intimzone).

Öffentliche Distanz

Die öffentliche Distanz beginnt bei anderthalb Armlängen. Dies ist auch die richtige Distanz für Frontalpräsentationen. Oftmals sind bei Frontalpräsentationen große Tische oder Rednerpulte zwischen dem Präsentator und den Zuhörern. Dies erweckt automatisch den Anschein, dass auch gefühlsmäßig eine große Distanz zwischen den beiden herrscht. Wer Zuhörer mit einbeziehen und interaktiv arbeiten will, tut gut daran, diese Barrieren, wenn immer möglich, abzubauen, d. h. den Tisch oder das Rednerpult wegzuräumen.
Es versteht sich von selbst, dass unterschiedliche Kulturen unterschiedliche Distanzverhalten haben. Aus diesem Grund müssen Präsentatoren, die mit unterschiedlichen Kulturen arbeiten, lernen, welche Distanzverhalten Personen in bestimmten Kulturen haben.
Grundsätzlich muss sich jeder Präsentator über Folgendes im Klaren sein: Wer Distanzen verletzt, missachtet auch die Person.

Praxishilfe: Distanzen

- Gehen Sie im Zweifelsfall lieber etwas auf Distanz.
- Seien Sie sich der Distanzen stets bewusst.
- Beachten Sie die Intimzone ganz genau.
- Gebrauchen Sie bewusst die persönliche Distanz bei der persönlichen Begrüßung und Verabschiedung.
- Fragen Sie bei Gesprächspräsentationen nach.

Distanzen werden im Übrigen auch mit Namen (Familienname, Vorname, Kosename) und Themen (geschäftliche, persönliche, intime) gemacht.

Handschlag

Dem Handschlag begegnen wir in unterschiedlichster Form: Vom einfachen Reichen der Hand bis hin zum richtigen Schlag, der vor allem in der Sportwelt, manchmal noch in Verbindung mit dem amerikanischen Ausdruck „Give me five" gebraucht wird.
Der Handschlag hat vielfältige Bedeutungen. So drückt er bei der Begrüßung aus, dass man mit jemandem in Kontakt treten will. Bei Vertragsabschlüssen zeigt er, dass man zu einer Übereinkunft gekommen ist. Bei politischen Anlässen geben sich die Staatsoberhäupter die Hand, um beispielsweise zu zeigen, dass sie freundschaftlich zusammenarbeiten oder von nun ab Frieden schließen wollen.
Für den Präsentator ist der Handschlag bei der Begrüßung und bei der Verabschiedung von Bedeutung.
Wie bereits früher erwähnt, versucht der Präsentator, jeden Zuhörer persönlich zu begrüßen. Dabei reicht er jedem bewusst die Hand. Dies hat folgende Vorteile:

- Er zeigt, dass er den Kontakt zu den Zuhörern sucht, und drückt damit eine persönliche Wertschätzung aus.
- Er tritt in die persönliche Distanz ein und versucht damit, ein erstes Vertrauensverhältnis aufzubauen.
- Er erhält durch die Art und Weise, wie das Gegenüber die Hand reicht, viele Informationen.

Bei der Verabschiedung reicht er wiederum vielen Zuhörern die Hand, was ihm folgende Vorteile bringt:

- Er kann nochmals fühlen, wie sich der einzelne Zuhörer nach der Präsentation verhält.
- Er kann nochmals interaktiv sein.
- Er kann, wenn er es als positiv erachtet, an den einen oder anderen ein persönliches Abschiedswort oder eine Aufforderung richten.

Praxishilfe: Handschlag

- Strecken Sie den Arm früh aus, um zu zeigen, dass Sie Kontakt haben möchten.
- Strecken Sie den Arm früh genug aus, um dem Zuhörer nicht zu nahe zu kommen und damit seine Distanzen zu verletzen.
- Drücken Sie Ihre Hand nur kurz und in angemessener Stärke zu (Vorsicht bei Damen!).

Gestik

Gesten können Ihre Präsentation enorm beleben und einen außerordentlich starken, ja sogar einzigartigen Eindruck hinterlassen. Denken Sie an die ganzen Gebärden großer Politiker (z. B. Churchill).

Viele Präsentatoren haben Mühe zu gestikulieren. Viele empfinden Gesten sofort als übertrieben und unecht. Dies ist auch richtig, wenn man sich nie bewusst mit Gesten auseinander gesetzt hat, sondern diese nur in irgendeinem Verhaltenstraining gelernt und trainiert hat.
Gestik wird mit zwei Körperteilen ausgedrückt, nämlich mit Händen und Armen.

Hände

Die Hände sind das wichtigste Werkzeug des Körpers. Sie spiegeln die Stimmung einer Person wider und geben demzufolge dauernd Signale an die Zuhörer ab. Es ist deshalb von starker Bedeutung, dass der Präsentator seine Hände gut kontrollieren kann.
Die Hände können Folgendes ausdrücken:
Die nach vorne gekehrten Handflächen sind Ausdruck von Zurückweisung und Ablehnung außer in Verbindung mit gehobenen Armen, wie dies beim Grüßen und Winken der Fall ist. Man stößt jemanden zurück.
Die nach oben gekehrten Handflächen sind Ausdruck von Flehen, Einladung und Bitte.
Die nach unten gekehrten Handflächen sind Ausdruck von Beruhigung.
Die nach innen gekehrten Handflächen zeigen eine Umarmung.
Die Hände sind beim Präsentieren von besonderer Bedeutung, da die Hände eines der Körperteile sind, mit dem ein Mensch am wenigsten „lügen“ kann. Selbst wenn jemand eine relativ sichere Haltung einnimmt, zeigen seine Hände oft, was im Inneren des Menschen wirklich vorgeht. Beobachtet man die Hände solcher Menschen genau, sieht man den Grad

ihrer Unsicherheit. So machen solche Menschen z. B. eine Faust, zerren an den Fingerhäutchen, spielen mit den Fingernägeln, drücken mit aller Kraft gegen einen Bleistift usw.
Will also ein Präsentator sicher wirken, muss er sich seiner Handbewegungen bewusst werden und seine Hände stark trainieren, damit sie auch das ausdrücken und unterstützen, was die Sprache aussagt.

Arme

Die Arme können folgende Gefühle ausdrücken:
Große und ruhige Bewegungen wirken überlegen und sicher. Sie fallen auf und ziehen die Aufmerksamkeit auf sich. Die negative Seite besteht darin, dass damit auch stark übertrieben und geprotzt werden kann.
Kleine Bewegungen wirken zurückhaltend schlicht. Sie fallen nicht auf und bleiben eher unbeachtet. Die negative Seite besteht darin, dass der Präsentator unsicher und schwach wirkt.
Hastig ausgeführte Bewegungen, ob groß oder klein, verursachen Unruhe und Verwirrung.
Je mehr die Signale der Beziehungs- und der Sachebene übereinstimmen, desto überzeugender wirkt der Präsentator. Je besser die Signale der Sprache und des Körpers übereinstimmen, desto überzeugender und professioneller wirkt der Präsentator.
Es gibt grundsätzlich vier Armhaltungen, die im Zusammenhang mit dem Präsentator von Bedeutung sind:

- herabhängender Arm
- gehobener Arm
- ausgebreiteter Arm
- vorgestreckter Arm

Der herabhängende Arm

Der herabhängende Arm ist Ausdruck einer neutralen Stellung. Dabei sind auch die Muskeln am meisten entspannt. Dies gibt dem Präsentator die Möglichkeit, seine Entspannung auszudrücken. Diese Haltung nimmt der Präsentator in folgenden Momenten ein:

- kurz bevor er beginnt zu reden,
- während der Präsentation, wenn er nichts besonders hervorheben möchte,
- wenn ein Zuhörer eine Frage stellt und er noch warten muss, bis er die Frage bestätigen kann.

Der gehobene Arm

Der gehobene Arm lässt den Präsentator größer und stärker erscheinen und macht ihn auffälliger. Diese Anhebung wird vor allem in folgenden Momenten gebraucht:

- wenn er will, dass er die volle Aufmerksamkeit der Zuhörer erhält,
- wenn er aus dem Inhalt heraus triumphieren oder als Sieger dastehen will,
- wenn er eine erhöhte Position einnehmen und etwas zelebrieren will.

Der ausgebreitete Arm

Der ausgebreitete Arm ist eine einladende Geste und die Umarmung auf eine bestimmte Entfernung. So wird man, wenn man im täglichen Leben z. B. einen alten Freund wiedertrifft, automatisch die Arme schon weit vor dem eigentlichen Körperkontakt, d. h. vor der physischen Umarmung ausbreiten.

Der Präsentator kann diese Bewegung in folgenden Momenten einsetzen:

- im Augenblick der Begrüßung,
- wenn er die Zuhörer als Gesamtheit einladend anspricht,
- wenn er die Zuhörer einlädt, Fragen zu stellen,
- wenn er sich bedankt und verabschiedet.

Der vorgestreckte Arm

Der vorgestreckte Arm hat eine komplizierte Bedeutung und muss vor allem im Zusammenhang mit der Handhaltung erklärt werden. Sind die Handflächen nach vorne gerichtet, heißt das Ablehnung, sind die Hände zu Fäusten geballt, heißt das Aggression, sind die Handflächen nach oben gedreht, drückt das eine Bitte aus.
Durch die Kombination von Händen und Armen kann eine Vielzahl von Gefühlen ausgedrückt werden. Diese helfen einem Präsentator, eine verbale Aussage gezielt zu unterstützen und zu verstärken.
Es ist jedoch sehr schwierig, die Gesten so einzusetzen, dass sie passend zum Inhalt der Präsentation sind.
Gesten wirken nur dann, wenn unnötige Gebärden und Bewegungen größtenteils vermieden werden. Dazu gehören: mit dem Kugelschreiber spielen, Hände reiben, sich selbst an die Nase fassen, in der Hosentasche mit etwas spielen etc.
Da Gesten stark aufgesetzt wirken können, muss jeder Präsentator davon ein eigenes Repertoire so lange einüben, bis diese völlig natürlich eingesetzt werden können.

Praxishilfe: Gestik

- Bestimmen Sie in Ihrer Präsentation entscheidende Aussagen, bei denen Sie gezielt Gestik einsetzen wollen.
- Überlegen Sie sich, welche Gestik am besten dazu passt (Sie können eigene Gestik erfinden, die sogar zu Ihrem Markenzeichen werden kann).
- Machen Sie beim Gestikulieren große Bewegungen und halten Sie die Oberarme weg vom Oberkörper.
- Gestikulieren Sie über der Gürtellinie.
- Gestikulieren Sie länger, als das gesprochene Wort dauert.

Blickkontakt

Die Augen sind das vorherrschende Sinnesorgan des menschlichen Körpers. Ungefähr 80 % unserer Informationen über die Außenwelt nehmen wir über die Augen auf. Auch die raffinierteste Digitalkamera scheint neben dem Auge wie ein Gerät aus der Steinzeit. Das Weiß im Auge des Menschen, das er im Gegensatz zum Affen hat, signalisiert die Blickrichtung. Mit den Augen erhalten wir nicht nur genaue visuelle Informationen, sondern haben auch die Fähigkeit, unsere Gefühle wie Liebe, Zuneigung, Hass, Überheblichkeit, Unterwürfigkeit usw. auszudrücken.
Einer der wichtigsten Punkte nebst der Informationsaufnahme durch das Auge ist die Tatsache, dass wir mit den Augen, d. h. durch den Blickkontakt, unsere persönliche Sicherheit und Stärke ausdrücken. So kann man generell die Aussage machen, dass Präsentatoren, die mit den Zuhörern einen schlechten Blickkontakt haben, unsicher wirken.

Hierzu einige Regeln:

Praxishilfe: Blickkontakt

- Befolgen Sie am Anfang einer Präsentation die Regel: ruhig und aufrecht stehen – schauen – lächeln – beginnen zu reden.
- Halten Sie während der gesamten Präsentation guten Blickkontakt mit den Zuhörern.
- Schauen Sie den Zuhörern in die Augen.
- Verweilen Sie immer wieder einige Momente in den Augen eines Zuhörers.
- Halten Sie bei entscheidenden Aussagen oder Angriffen einen intensiven Blickkontakt mit den Zuhörern.

Der Blickkontakt ist ein entscheidendes Element in der Kommunikation und zeigt sehr eindrücklich, wie sicher der Präsentator ist. Viele Präsentatoren sprechen mit Blick auf die Leinwand, den Hellraumprojektor, das Filpchart und vergessen dabei völlig, dass das Wichtigste im Raum die Zuhörer sind, die letztendlich darüber entscheiden, ob die Präsentation ankommt oder nicht.
Schon Kinder lernen, dass sie, wenn sie mit jemandem sprechen, diese Person ansehen sollen. Leider gibt es zahlreiche Erwachsene, die nicht in der Lage sind, dieses Elementare zu befolgen. Zusätzlich zur Ausstrahlung der Sicherheit kann der Präsentator wahrnehmen, welche Reaktionen im Publikum ablaufen: Hören die Teilnehmer zu, will ein Zuhörer Fragen stellen, ist ein Zuhörer abwesend?
Auch fühlen sich die Menschen persönlich angesprochen und sind sofort aufmerksamer. Präsentatoren, denen es schwer fällt, Augenkontakt zu halten, können folgende Empfehlung annehmen: Seien Sie vor der Präsentation früh

genug da, damit sie die einzelnen Personen begrüßen können. Sie werden merken, welche Personen Ihnen positiv gegenüberstehen. Sie haben nun die Möglichkeit, während Ihrer Präsentation immer wieder mit diesen Personen in Augenkontakt zu treten. Freundliche, lächelnde Personen geben Ihnen Sicherheit.

Belangvoll ist beim Augenkontakt auch, dass Sie nicht immer mit denselben Personen den Austausch pflegen. Suchen Sie sich auch Leute aus, die nicht so nett schauen, um zu zeigen, dass Sie keine Unterschiede machen, dass Ihnen jeder im Publikum gleich viel wert ist. Indem Sie auch eher negativen Zuhörern in die Augen schauen, sagen Sie ohne Worte: Ich beschäftige mich mit Ihnen, ich habe keine Angst vor Ihnen, vor Ihren Fragen und Angriffen; ich stehe Ihnen offen gegenüber.

Mimik

„Wer nicht lächeln kann, sollte kein Geschäft aufmachen", sagt ein chinesisches Sprichwort.

Der Mund ist einer der ausdrucksvollsten Teile des Körpers. Die Stellung der Lippen wird durch die Stimmungswechsel beeinflusst. Auch gebrauchen wir den Mund, um viele Dinge zu tun wie: sprechen, singen, schreien, pfeifen, küssen, rauchen, grinsen, lachen und lächeln.

Durch den Mund gibt es unzählige Feinheiten des Mienenspiels.

Lächeln ist Ausdruck von Zufriedenheit, Glück, Fröhlichkeit, freundschaftlichem Gefühl, also Ausdruck eines positiven Gefühls.

Der Präsentator, der also ein positives Gefühl verbreiten will, muss bewusst lächeln.

In welchen Situationen ist besonders darauf zu achten:

Praxishilfe: Mimik

- Folgen Sie am Anfang einer Präsentation der Regel: ruhig und aufrecht stehen – schauen – lächeln – beginnen zu reden.
- Lächeln Sie bewusst nicht in schwierigen Situationen.
- Lächeln Sie bei der Verabschiedung der Zuhörer.

6 Die Visualisierung

Bild 13: *Visualisierung*

75 % der Informationen werden über das Auge aufgenommen. Sicherlich kennen Sie auch Sprichwörter wie z. B.:

- Ein Bild sagt mehr als tausend Worte.
- Kleider machen Leute.
- Das will ich schwarz auf weiß sehen.

All diese Sprichwörter sagen nichts anderes aus, als dass das Auge das stärkste Element in der Präsentation darstellt.
Aus diesem Grund ist es von großer Bedeutung, dass jede Präsentation durch die Visualisierung unterstützt wird.
Studien über unser Gedächtnis geben Hinweise zu Fragen der Präsentation. Dort wurde festgestellt, dass durch (reines) Lesen oder Hören nur etwa 10 bis 20 % der Lerninhalte im Gedächtnis bleiben. Werden die Inhalte aber zusätzlich visualisiert und die Zuhörer durch Diskussion zu aktiven Teilnehmern, die sich mit den Inhalten kritisch auseinander setzen, so kann die Merkquote bis auf 80 % gesteigert werden.

Und natürlich sollte das unser Anliegen sein, um unsere hart erarbeitete Präsentation gut zu vermitteln, damit jeder Teilnehmer das Gefühl bekommt, etwas Neues und Interessantes mit nach Hause zu nehmen.
Visualisierung bedeutet, einen Inhalt so darzustellen, dass er leicht erfasst und memoriert werden kann. Bilder und Farben spielen dabei eine Schlüsselrolle.
Hier finden Sie einige Methoden der Visualisierung.

6.1 Folien

Folien sind wahrscheinlich das Visualisierungsmittel, das von Präsentatoren immer noch am häufigsten eingesetzt wird. Zum einen liegt das daran, dass der Präsentator mit sehr einfachen Mitteln, nämlich mit einer Folie und einem Stift seine Ideen sehr schnell aufzeichnen kann, zum anderen, dass auch mit Hilfe des Kopiergerätes direkt aus einer Unterlage heraus eine visuelle Unterlage hergestellt werden kann.
Und gerade diese Einfachheit führt dazu, dass viele Folienpräsentationen nicht professionell gestaltet werden.

Dabei gibt es folgende Fehlerquellen:

- Zu viele Folien
- Zu viele Texte auf den Folien
- Schlechte Lesbarkeit der Folien
- Unattraktive Schwarzweißfolien
- Unklare Inhalte

Stellen Sie selber an Ihre Folien einen hohen Qualitätsanspruch, Sie sollten von der Güte der Inhalte und auch von deren formaler Darstellungsweise überzeugt sein. Bedenken

Sie immer, dass ein recht kritisches Publikum vor Ihnen sitzen kann. Diesem fällt jede Unsicherheit auf, und die Strafe dafür lässt selten auf sich warten. Ihre Zuhörer können Ihnen nicht glauben, wenn Sie den Eindruck erwecken, dass Sie das, was Sie dort vortragen, selbst nicht glauben.

Auf der inhaltlichen Ebene sollten Sie Ihre Folien nach der fertigen Erstellung daraufhin überprüfen, ob Sie thematisch einem logischen Aufbau folgen. Das heißt, dass es im Thema nicht plötzliche und vielleicht sogar unmotivierte Sprünge geben darf, sondern dass man sehr zielorientiert vorgeht. Sollte das Thema in Gebiete eingeteilt sein, die inhaltlich nicht aufeinander aufbauen oder auf sonstige Art und Weise miteinander zusammenhängen, bietet es sich an, zu Beginn der Präsentation kurz (in einer Art „Inhaltsfolie") die Themengebiete anzugeben, mit denen sich der Vortrag beschäftigen wird.

Was die Anzahl der Folien anbelangt, gilt es zu beachten, dass ein Präsentator eine bestimmte Folie dazu einsetzt, um das Wichtigste aus der verbalen Aussage noch zu unterstreichen und hervorzuheben. Die Folie ist lediglich eine Konzentration des Gesagten.

Wenn auf der Folie das steht, was der Präsentator auch sagt, dann wird die Folie ausschließlich als Manuskript für die Präsentation eingesetzt. So kann man viele Präsentatoren sehen, die ganze Texte auf ihren Folien haben und diese lediglich ablesen.

Hier gilt es zu beachten, dass der gute Präsentator mit Hilfe einer einzigen Folie drei bis fünf Minuten reden kann.

Bei der Gestaltung einer Folie müssen folgende Punkte beachtet werden:

Praxishilfe: Foliengestaltung

- Verwenden Sie nur Stichwörter, keinen Text.
- Der kleinste Buchstabe hat eine Höhe von 1 cm.
- Verwenden Sie höchstens sieben Zeilen pro Folie.
- Schreiben Sie die Stichwörter in Blockschrift.
- Verwenden Sie farbige Stifte.
- Halten Sie bei jeder Folie die Corporate Identity ein.
- Integrieren Sie Bilder, Graphiken und Diagramme.
- Zeigen Sie vorzugsweise mit dem Stift (Pointer-Methode) oder mit der offenen Hand.
- Arbeiten Sie auch mit dynamischen Folien.

Wer sich an diese einfachen Grundregeln hält, wird für das Publikum automatisch bessere Folien herstellen.
Ausgehend von der Aufnahmefähigkeit des Zuhörers nimmt er die wichtigsten Stichwörter auf. Es gibt Ausnahmefälle, in denen der Präsentator z. B. eine Seite eines Konzeptes oder eines Buches kopiert.
In diesen Fällen muss er dann aber mit anderen Mitteln, z. B. mit farbigen Hellraumprojektorstiften ein bis drei Punkte auf dieser Folie hervorheben, oder, noch besser, er macht von dieser Folie eine Kopie für die Zuhörer.

Bild 14: *Gestaltung einer Folie*

Die erste und die letzte Folie

Die erste und die letzte Folie sind die wichtigsten und werden am stärksten wahrgenommen. Aus diesem Grund muss diesen beiden Folien bei der Erarbeitung besondere Aufmerksamkeit geschenkt werden.
Mit der ersten Folie sollen die Zuhörer neugierig gemacht werden.
Die erste Folie muss immer bereits auf dem Hellraumprojektor liegen, bevor er eingeschaltet wird.
Mit der letzten Folie sollen die Zuhörer etwas mitnehmen, was sie zum Denken oder Handeln veranlasst.

Erarbeitung von Folien

Die Erarbeitung einer vorgefertigten Folie ist nicht zu unterschätzen. Will der Präsentator aus einem bestimmten Teil seiner verbalen Präsentation eine Folie mit den wichtigsten Aussagen und Punkten professionell herstellen, so benötigt er 30 bis 60 Minuten.

Vorgefertigte oder dynamische Folien

Die meisten Folien werden vorgefertigt, um zum einen dem Zuhörer zu vermitteln, dass eine gute Vorbereitung geleistet wurde, und zum anderen, dass sie die Folien auch als Leitfaden benutzen können.
Es gibt aber auch die Möglichkeit, direkt während der Präsentation eine Folie herzustellen, eine so genannte dynamische Folie.
Die Vorteile dieser Folie liegen darin:

- Steigerung der Aufmerksamkeit der Zuhörer
- Bessere Aufnahmefähigkeit, weil schrittweise vorgegangen und erklärt wird

- Eindruck der höheren Professionalität wegen der scheinbaren Spontaneität

Es empfiehlt sich bei Präsentationen immer wieder, ein bis zwei Folien dynamisch zu entwickeln.
Wichtig dabei ist, dass diese Folien besonders gut vorbereitet werden, damit bei der Entwicklung keine Fehler passieren, was die Vorteile sofort zu Nachteilen werden lässt.
Vorgefertigte Folien sollen, um die Professionalität vollständig zu zeigen, in Flipframes verpackt werden. Diese bieten dem Präsentator den zusätzlichen Vorteil, dass er sich Stichwörter auf den Rand der Flipframes notieren kann.

Anzahl der Folien

Die Anzahl der Folien richtet sich nach der Dauer der Präsentation. Unter der Berücksichtigung, dass pro Folie drei bis fünf Minuten lang präsentiert werden kann und ein Viertel bis ein Drittel der Zeit für Diskussion aufgewendet werden muss, macht das für eine Präsentation von 20 Minuten insgesamt höchstens fünf Folien. Jede weitere Folie wäre zu viel und würde die Aufnahmefähigkeit der Zuhörer zu sehr strapazieren.

Bilder und Text

Kognitionspsychologische Untersuchungen haben gezeigt, dass sich Bilder besonders gut und auch längerfristig ins Gedächtnis einprägen. Visuelle Darstellungen motivieren und stimulieren. Text und Bild sind aber unterschiedliche Formen der Vermittlung. Die Informationen beider müssen sich aufeinander beziehen und ergänzen, will man ein Gesamtverständnis erreichen. Die räumliche Verteilung von Text und zugehörigem Bild sollte so gestaltet werden, dass sie in unmittelbarer Nachbarschaft zueinander stehen. In vielen Fällen hat es also keinen Sinn, wenn sich Text und zugehöriges Bild auf unterschiedlichen Folien befinden.

Zeigen auf Folien

Es gibt die unterschiedlichsten Methoden, um auf Folien, aber auch teilweise auf anderen Visualisierungsmitteln etwas zu zeigen:

- Pointer-Methode
- Laser-Pointer-Methode
- Stab
- Abdeckmethode
- Offene Hand

Pointer-Methode

Dabei wird ein Stift eingesetzt und mit der Spitze auf die hervorzuhebenden Punkte gezeigt. Beim Hellraumprojektor soll der Stift abgelegt werden. Zum einen wird dann präzise gezeigt, und zum anderen wird die Nervosität nicht noch über ein Medium x-fach vergrößert, wenn die Hand des Präsentators leicht zittert.

Laser-Pointer-Methode

Der Laser-Pointer ist ein relativ neues Mittel. Die meisten Laser-Pointer verfügen über kleine Punkte, und deshalb ist es für den Zuhörer oftmals schwierig, den kleinen Punkt auf der Leinwand zu finden. Zudem kann der Präsentator selten die Hand so ruhig halten, dass er präzise auf das zeigen kann, was er herausstreichen will.

Stab

Der Stab hat dann seine Berechtigung, wenn etwas direkt auf der Leinwand gezeigt wird. Dabei gilt es zu beachten, dass der Stab lediglich zur Leinwand zeigen und höchstens parallel zur Leinwand gehalten werden darf. Ansonsten, wenn der Stab zum Publikum hin gehalten wird, wird er schnell zum „Drohfinger“, und kein Zuhörer möchte gerne wie ein Kind behandelt werden.

Abdeckmethode

Bei der Abdeckmethode wird nur ein Teil der gesamten Visualisierung aufgedeckt. Zum einen konzentriert man die Zuhörer auf einen Punkt, und zum anderen weckt man die Neugierde für die weiteren Punkte. Da die Abdeckmethode einer guten Synchronisation bedarf, muss sie außerordentlich gut eingeübt werden.

Offene Hand

Will der Präsentator aus irgendeinem Grund direkt auf der Leinwand etwas zeigen, so tut er das mit der offenen Hand. Erinnern Sie sich daran: Die offene Handfläche ist Ausdruck von Offenheit.

Aufmerksamkeit gegenüber den Zuhörern

Einer der wichtigsten Punkte ist, dass der Präsentator während der Präsentation seine Aufmerksamkeit immer den Zuhörern schenkt und nicht in seine Folien oder ein anderes Medium versinkt.

6.2 Flipchart

Das Flipchart ist das wahrscheinlich unproblematischste Hilfsmittel zur Visualisierung. Es hängt von keiner Technik ab. Trotzdem gilt es auch hier einige Punkte zu beachten:

Praxishilfe: Flipchart

- Sorgen Sie dafür, dass Sie über genügend Papier verfügen.
- Notieren Sie Stichwörter, keine Sätze.
- Setzen Sie Farben ein.
- Schreiben Sie gut leserlich und groß.
- Stehen Sie nicht mit dem Rücken zu den Zuhörern, wenn Sie sprechen.

6.3 Mind Mapping

Mind Mapping erleichtert Ihnen den Zugang zu Ihren Ideen, während es gleichzeitig Ihre Fähigkeit zum Strukturieren steigert. Es erlaubt die harmonische Zusammenarbeit zwischen der analytischen, detailorientierten linken und der bildhaft denkenden, schöpferischen rechten Gehirnhälfte. Ein Mind Map benutzt Schlüsselwörter, Farben und Bilder, um Ideen darzustellen. Sein nichtlineares Format ermutigt Sie dazu, Ideen spontan fließen zu lassen und eine ungeheure Quelle bedeutsamer Informationen auf ein einziges Blatt Papier zu bringen.
Beim Mind Mapping sind fünf Regeln zu beachten:

Beginnen Sie das Mind Map, indem Sie das Leitmotiv in die Mitte des Blattes zeichnen!

Dieses Bild dient als Ausgangsbasis für kreative Assoziationen. Bilder helfen der rechten Hemisphäre auf die Sprünge. Sie bleiben leichter als Worte im Gedächtnis haften und steigern, auch wenn es befremdlich klingen mag, Ihre Fähigkeit zum kreativen Umgang mit dem Thema. Gleichgültig, ob Sie Talent zum Malen besitzen oder nicht, malen Sie einfach drauflos. Ihr Gehirn dankt es Ihnen, auch wenn Sie kein zweiter Picasso sind.

Bild 15: *Leitmotiv*

Benutzen Sie Schlüsselwörter!

Schlüsselwörter umfassen ein ganzes Bündel von Informationen. Sie bilden die Grundlage für das Erinnerungsvermögen und für freie Assoziationen. Forschungen zufolge können im linear strukturierten Konzept Schlüsselwörter ohne großen Bedeutungsverlust wesentlich schneller gebildet werden als ganze Sätze. Man kann sich auch viel leichter an sie erinnern.

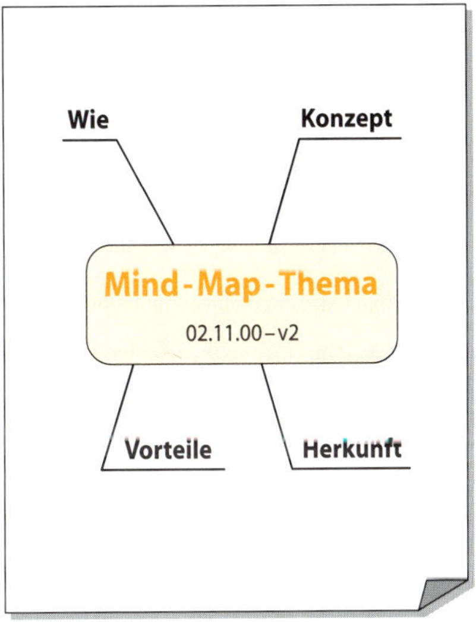

Bild 16: *Schlüsselwörter*

Es ist einfach, Ideen in Form von Schlüsselwörtern aufs Papier zu bringen. Das Schlüsselwort in einem Vortrag über Shakespeares Dramen könnte z. B. Hamlet lauten. Es könnte das Schlüsselwort auf der zweiten Ebene, z. B. Prinz oder Dänemark, auslösen. Wörter sind nur dann Schlüsselwörter, wenn sie beim Ersteller Assoziationen auslösen. Beispiele

für Wörter, die keine Schlüsselwörter sind und deshalb nicht in Frage kommen, sind der, die, das, eine usw.
Verbinden Sie das Leitmotiv mit Ihren Schlüsselwörtern durch Linien.
Indem Sie Verbindungslinien zeichnen, wird die Verknüpfung der Schlüsselwörter untereinander deutlich. Schreiben Sie Blockbuchstaben. Durch das Schreiben in Blockbuchstaben werden Worte besser aufgenommen und sind später aus dem Gedächtnis leichter abrufbar.

Schreiben Sie jeweils nur ein Schlüsselwort auf die Linie!

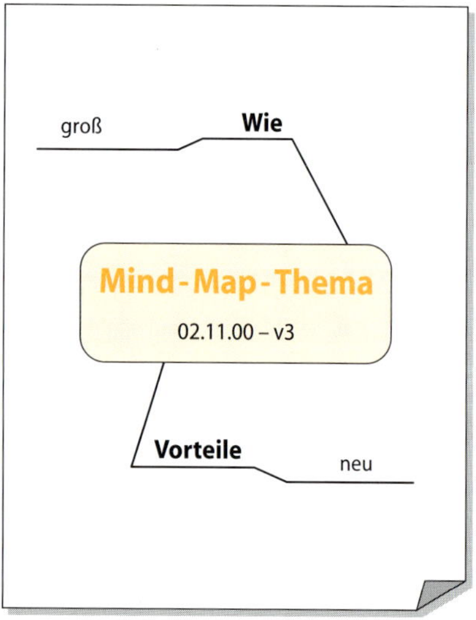

Bild 17: *Ein Wort pro Linie*

Dadurch werden Häufungen vermieden, außerdem bleibt jedem Wort genügend Platz für alle kreativen Assoziationen. Hin und wieder ist die Versuchung groß, einen ganzen Satz hinzuschreiben. Halten Sie sich jedoch lieber an die Regel: nur ein Wort pro Verbindungslinie.

Verwenden Sie Bilder, Farben und Symbole!

Durch Farben können Sie wichtige Punkte hervorheben und Beziehungen zwischen den einzelnen Ästen des Mind Map herstellen (z. B. Gelb für die wichtigsten Punkte, Blau für die zweitwichtigsten usw.). Bilder und Symbole sollten so oft wie möglich benutzt werden. Sie fördern kreatives Assoziieren und lassen sich leichter einprägen. Die Benutzung von Symbolen wie Sternchen, Ausrufezeichen, Buchstaben und Zahlen verdeutlicht die Beziehungen der Begriffe und dient als Mittel zur weiteren Strukturierung des Arbeitspapiers.

Zuerst assoziieren, dann organisieren!

Bei der Erstellung eines Mind Map unterscheidet man zwei Phasen:
Sammeln Sie so viele Ideen wie möglich. In dieser Phase der freien Assoziation lassen Sie Ihre Gedanken schweifen und schreiben die größtmögliche Anzahl von Schlüsselwörtern und Symbolen auf. Notieren Sie alles ohne Einschränkung, auch wenn Ihnen manchmal ein Wort unwichtig oder lächer-

lich erscheint. So bekommen Sie spielerisch Zugang zu all dem, was in Ihnen steckt. Aus scheinbaren Nebensächlichkeiten entstehen oft neue Ideen und kreative Einsichten.

Bild 18: *Bilder und Symbole*

In der zweiten Phase muss nun die Vielzahl von Assoziationen strukturiert werden. Überprüfen Sie das Mind Map aus einer analytischen Perspektive und streichen Sie alles Überflüssige. Die Schlüsselbegriffe werden dadurch verfestigt. Ziffern, zusätzliche Farben, Buchstaben oder Symbole können Ihnen bei der Festlegung einer Reihenfolge innerhalb des ganzen Materials helfen.

6.4 Beamer

Die Geräte in der Präsentationstechnik haben sich in letzter Zeit gewaltig entwickelt. Über Wandtafeln, Whiteboards, Pinnwände, Paperboards, Dias, Overhead-Projektoren kommen wir zum Beamer.
Aus all diesen Visualisierungshilfsmitteln ist heute der Beamer die geeignetste Kombination. Arbeiten mit einem Laptop und einem Beamer ist einfach und effizient. Kurz vor einem Vortrag können Daten aktualisiert werden, können gewisse Folien an die Zuhörer angepasst werden usw.
Besonders Mitarbeiter, die oft mit Zahlen und Daten zu tun haben, dürften sich davon angesprochen fühlen. Niedrige Gewichte und bequemer Transport prädestinieren die Beamer für Präsentationen aus dem Stegreif, unabhängig von Zeit und Ort. Konzeptionell bedingt benötigt der Miniprojektor nur eine geringe Stellfläche, bietet aber dennoch eine große Projektionsweite. Ein Präsentator, der so ausgerüstet ist, hinterlässt einen höchst professionellen Eindruck. Das Einzige, was es nebst all den technischen Daten zu beachten gilt, ist, dass die Einrichtung der Geräte ebenfalls sehr professionell ablaufen muss.

6.5 PowerPoint-Präsentationen

Die PowerPoint-Präsentation gehört heute wohl zu den beliebtesten Visualisierungshilfsmitteln. Microsoft hat im Office-Paket diese Präsentationssoftware integriert. Mit PowerPoint kann der Anwender neben den klassischen Slides für Hellraumprojektoren durch die Funktionen

- Texte integrieren bzw. erzeugen und gestalten,

- gescannte Bilder oder Bilder von digitalen Kameras integrieren und
- ClipArts verwenden

ganze multimediale Szenarien aufbauen:

- Videoclips und Musik integrieren,
- mit verschiedensten Animationen Präsentationen interessant und spannend gestalten.

Mit einem Beamer können diese Präsentationspakete projiziert werden.
Neben diesen Möglichkeiten können wir mit PowerPoint Unterlagen für die Teilnehmer erstellen. Slides können farbig oder schwarzweiß ausgedruckt und an die Teilnehmer abgegeben werden. Als Leitfaden für den Präsentator sind Notizzettelfunktionen mit dem Inhalt vorgesehen. Dabei erscheint in der oberen Hälfte des Blattes das Slide und unterhalb der Leitfaden oder Text.
PowerPoint bietet gerade für diese Funktionen eine Unzahl von Möglichkeiten, was das Ganze wieder gefährlich macht. Deshalb hier einige Hinweise zum Einsatz Ihrer PowerPoint-Präsentation:

Praxishilfe: PowerPoint-Präsentation

- Verwenden Sie im Maximum vier Schriftarten, damit die Präsentation nicht unruhig wirkt.
- Verwenden Sie nur Stichwörter, keine ganzen Sätze.
- Verwenden Sie nicht mehr als höchstens sieben Zeilen pro Slide.
- Lassen Sie verschiedene Abschnitte nacheinander erscheinen.
- Verwenden Sie Bilder, Graphiken und Diagramme.

- Verwenden Sie bei Bildern, Graphiken und Diagrammen eine einfache Darstellung.
- Verwenden Sie während derselben Präsentation ausschließlich Bilder mit derselben Darstellungsart.
- Vermeiden Sie eine Mischung aus Clip-Arts, Photos, Cartoons usw.
- Vermeiden Sie allzu viel Bewegung, die als reine Spielerei empfunden wird.
- Bauen Sie die Präsentation so flexibel auf, dass Sie jederzeit Slides auslassen, überspringen oder wieder hervorholen können.
- Teilen Sie Ihre Informationspakete in höchstens zehn Slides ein, und geben Sie jedem dieser Pakete einen aussagekräftigen Namen.
- Verlinken Sie die Inhaltsverzeichnisse, um top-down und bottom-up jedes einzelne Slide anzuwählen.

6.6 Unterlagen für die Zuhörer

In den vorangegangen Kapiteln haben wir bereits gesehen, dass es zahlreiche Möglichkeiten zur Erstellung der Unterlagen für die Zuhörer gibt.
Die Unterlagen für die Teilnehmer müssen rechtzeitig fertig gestellt werden. Dabei sollte nicht die ganze Präsentation wiedergegeben werden, sondern nur die wesentlichsten Aussagen. Dies erlaubt dem Präsentator, auch noch kurz vor der Präsentation gewisse Optimierungen und Details einzubringen.
Der Präsentator muss sich überlegen, wann er die Unterlagen an die Zuhörer abgeben will.
Gibt er sie am Anfang ab, so muss er gut darauf achten, dass die Zuhörer nicht plötzlich abschweifen und sich mit dem Teil der Unterlagen beschäftigen, die in der Präsentation behandelt werden.

Gibt er sie erst am Schluss ab, so ist es möglich, dass die Unterlagen gar nicht mehr erwünscht sind und vielleicht nur noch irgendwo abgelegt werden. Um dies zu vermeiden, können sie mit Beispielen oder zusätzlichen Erläuterungen zu bestimmten Inhalten der Präsentation ergänzt werden.

6.7 Muster

Es gibt Präsentationen, bei denen Muster eine bedeutende Rolle spielen. Dies kann vor allem im Einkauf der Fall sein. Es stellt sich auch hier die Frage, zu welchem Zeitpunkt den Zuhörern ein Muster übergeben werden soll.
Es ist empfehlenswert, dies erst am Schluss eines Teiles der Präsentation oder am Schluss der gesamten Präsentation zu tun. Denn sehr häufig geschieht Folgendes, wenn ein Muster in Zirkulation ist:

- Derjenige, der das Muster in den Händen hält, hört nicht mehr zu.
- Zwei Zuhörer beginnen, sich über das Muster zu unterhalten, und hören nicht mehr zu.
- Jemand beginnt mit dem Muster zu spielen und lenkt die Aufmerksamkeit aller Zuhörer auf sich, und niemand hört mehr zu.

6.8 Fragenkatalog für die Visualisierung

Aus Erfahrung weiß jeder, der schon öfter Präsentationen gemacht hat, dass bei der Visualisierung immer wieder Pannen passieren können.
Deshalb ist es wichtig, dass sich der Präsentator vor Ort selber von der Einsatzfähigkeit aller Visualisierungshilfsmittel überzeugt. Der Präsentator soll sich dabei auf niemand ande-

ren verlassen. Nur er weiß genau, was er benötigt und wie er vorgehen will.
Hier einige Fragen dazu:

Praxishilfe: Fragen für die Visualisierung

- Wo kann ich meine Unterlagen für die Präsentation hinlegen?
- Haben Sie genügend Papier für das Flipchart?
- Sind genügend und schreibfähige Stifte für das Flipchart vorhanden?
- Gibt es genügend leere Folienrollen und A4-Folien?
- Gibt es genügend und schreibfähige Stifte für die Folien?
- Gibt es Ersatzlampen für den Hellraumprojektor?
- Gibt es eine genügend große Leinwand?
- Welche Abdunkelung ist möglich?
- Wo sind die Schalter für die Abdunkelung?
- Welche Beleuchtung ist möglich?
- Wo sind die entsprechenden Schalter?
- Wo sind die Steckdosen?
- Wo sind die Anschlussmöglichkeiten für den Beamer und das Notebook?

7 Umfeld

Bild 19: *Umfeld*

7.1 Zeit

Der Präsentator muss immer bedeutend früher am Ort der Präsentation sein. Dies erlaubt ihm, alle notwendigen Vorbereitungen zu treffen und sich auch innerlich nochmals auf das Umfeld einzustellen. Es ist sogar möglich, dass er einzelne Teile seiner Präsentation nochmals hält.
Gleichzeitig gibt ihm das die Möglichkeit, alle Zuhörer persönlich begrüßen zu können und bereits ihre Wünsche, Beweggründe und Erwartungen in Erfahrung zu bringen.
Fangen Sie bei einer Präsentation auf jeden Fall pünktlich an, nicht zuletzt um zu zeigen, dass Sie viel Wert auf Pünktlichkeit und Zuverlässigkeit legen.

Viele Präsentatoren haben das Gefühl, sie müssten noch auf fehlende Zuhörer warten, um dann in Anwesenheit aller beginnen zu können. Dabei vergessen sie, dass diejenigen, die zur Zeit gekommen sind, die Geprellten sind. Diese Situation kann so weit führen, dass ein Anwesender ein schlechtes Gefühl gegenüber dem Präsentator entwickeln und sogar zu einem streitsüchtigen Zuhörer werden kann.
Entsprechend der Regel, dass bei Störungen die Präsentation sofort angehalten wird, hört der Präsentator auf zu reden, wenn jemand, der sich verspätet hat, den Raum betritt. Dies mag einigen sehr unangenehm sein. Es darf dabei nicht vergessen werden, dass es für die Anwesenden und den Präsentator, die sich vorbildlich verhalten haben, ebenfalls unangenehm war und ist.
Sollten Sie die Möglichkeit haben, den Zeitpunkt Ihrer Präsentation wählen zu können, wählen Sie einen frühen Zeitpunkt im Laufe eines Tages. Die Zuhörer sind dann noch relativ frei von anderen Gedanken.
Dies gilt nicht, wenn Sie als ein Präsentator unter mehreren auftreten. In diesem Fall versuchen Sie, der zweitletzte oder sogar der letzte zu sein, um wie ein Höhepunkt in der Reihe der Präsentationen zu wirken. Voraussetzung dafür ist natürlich die professionelle Vorbereitung Ihrer Präsentation.

Praxishilfe: Zeit

- Seien Sie immer sehr frühzeitig am Präsentationsort.
- Beginnen Sie Ihre Präsentation immer pünktlich.
- Wählen Sie als einzelner Präsentator einen möglichst frühen Zeitpunkt im Tagesablauf.

7.2 Dauer der Präsentationen

Die meisten Präsentationen dauern eindeutig zu lange, was auf eine schlechte Vorbereitung hinweist. Eine Präsentation, die über 45 Minuten inklusive Diskussion, Fragen und Antworten dauert, ist für das Publikum „unverdaulich“. Die Aufmerksamkeit, auch bei einem noch so interessanten Thema, nimmt sehr schnell ab. Kein Zuhörer ist dem Präsentator böse, wenn er kürzer als vorgesehen präsentiert.

Die Zuhörer sind jedem Präsentator dankbar, der fähig ist, innerhalb kürzester Zeit ein Thema attraktiv und informativ zu gestalten und es auf den Punkt zu bringen.

Beobachten Sie einmal die Reaktion der Zuhörer, wenn der Präsentator sagt: „Jetzt komme ich gleich zum Schluss.“ Die meisten Zuhörer atmen auf und freuen sich auf das Ende der Präsentation. Leider verlängert der Präsentator in vielen Fällen die Präsentation noch unnötig und erhöht damit die Ungeduld und Langeweile der Zuhörer.

Sollte Ihre Präsentation trotz allem ausnahmsweise einmal mehr als 45 Minuten dauern, machen Sie ungefähr in der Mitte der Zeit eine kurze Pause. Die Zuhörer werden es Ihnen danken.

Es gibt manchmal Präsentationen, da ist unabhängig von der Zeit und der Dauer die Aufmerksamkeit nicht so, wie sie sein sollte. Die Gründe dafür können vielfältig sein. So wurde z. B. morgens überraschend ein neuer Einkaufs- oder Logistikleiter eingestellt oder der Jahresabschluss, der morgens veröffentlicht wurde, entspricht nicht den Erwartungen und vieles mehr. Ist es in diesen Fällen nicht möglich, die Präsentation zu verschieben, dann teilen Sie Ihre Präsentation in kleinere Teile auf und machen ein bis zwei Pausen mehr. Nur so gelingt es Ihnen, die Aufmerksamkeit

immer wieder von neuem zu wecken und aufrechtzuerhalten.
Halten Sie sich an folgende Regeln:

Praxishilfe: Dauer der Präsentation

- Reden Sie nie länger als 45 Minuten inklusive Diskussion und Fragen.
- Versuchen Sie, wenn immer möglich, Ihre Präsentation auf höchstens eine halbe Stunde zu begrenzen.
- Planen Sie von der vorgegebenen Zeit ein Viertel bis ein Drittel für Fragen und Diskussion ein.
- Verlängern Sie Ihre Präsentation nicht durch abschweifende Kommentare.
- Halten Sie auch die Diskussion und Antworten auf Fragen kurz.

7.3 Raum

Der Raum, in dem eine Präsentation stattfindet, ist für eine bestimmte Zeit das „Zuhause" des Präsentators. Aus diesem Grund ist es notwendig, sich vorab gut über den Raum zu informieren und folgende Fragen zu beantworten:

Praxishilfe: Raum

- Wie ist oder soll die Sitzordnung sein?
- Welche Geräte stehen mir zur Verfügung?
- Wie ist der Raum gestaltet?
- Wie ist die Akustik im Raum?
- Wo sind die Schalter für Licht und Rollläden?
- Wo befinden sich die verschiedenen Anschlüsse?

7.4 Sitzordnung

Die Sitzordnung kann eine Präsentation wesentlich beeinflussen. Je offener die Sitzordnung, desto offener sind im Allgemeinen auch die Zuhörer. Wenn immer Sie also können, nehmen Sie Einfluss auf die Sitzordnung, und befolgen Sie dabei die Regeln:

Praxishilfe: Sitzordnung

- Veranlassen Sie, wenn immer möglich, eine U-Bestuhlung.
- Bewegen Sie sich als Präsentator auch neben und zwischen den Sitzreihen, wenn eine Kinobestuhlung unumgänglich ist.
- Verringern Sie die Distanzen zu den Zuhörern bewusst.
- Schalten Sie alle zusätzlichen Barrieren wie Rednerpult oder großen Tisch aus.

7.5 Störungen

Bei jeder Präsentation gibt es Störungen. Die einen werden durch die Technik, die anderen durch Zuhörer verursacht.
Jene, die durch die Technik verursacht werden könnten, sollten vorher überdacht und dazu entsprechende Alternativen gesucht werden.
Jene, die durch Teilnehmer verursacht werden, wurden unter dem Kapitel „Die Zuhörer“ abgehandelt.

7.6 Probepräsentation

Wenn es sich um eine sehr entscheidende Präsentation handelt, sollte der Präsentator eine Probe durchführen. Fragen

Sie einige kritische, aber hilfsbereite Kollegen, ob sie sich für die Probe zur Verfügung stellen würden. Diese soll jedoch erst durchgeführt werden, wenn die Präsentation vollständig vorbereitet ist, um zu vermeiden, dass einzelne Teile der Präsentation nicht original durchgespielt werden können.

8 Präsentation im Team

Eine Präsentation im Team kann dann angebracht sein, wenn

- mehrere Kompetenzen in einer Präsentation benötigt werden,
- eine große Zuhörerschaft erwartet wird oder
- wenn der Zuhörerschaft eine besondere Wertschätzung entgegengebracht werden soll.

Mit jedem Präsentator steigen die Anforderungen an die Präsentation, da alles sorgfältig aufeinander abgestimmt werden muss.
Folgende Hinweise sind bei einer Präsentation im Team zu beachten:

Praxishilfe: Präsentation im Team

- Machen Sie eine gemeinsame Vorbereitung.
- Machen Sie auf jeden Fall eine Probepräsentation.
- Stimmen Sie sich inhaltlich sorgfältig aufeinander ab.
- Stimmen Sie sich präsentationstechnisch sorgfältig aufeinander ab.
- Stimmen Sie sich auch bezüglich Ihres äußeren Auftritts ab.
- Sprechen Sie ab, wer als Moderator auftritt und die Begrüßung, Einleitung und Diskussion übernimmt.
- Sprechen Sie genau ab, wie Sie sich vorstellen wollen.
- Legen Sie genau fest, wer zu welchen Themen Stellung nimmt.
- Sprechen Sie genau ab, wie Sie in schwierigen Situationen reagieren wollen.
- Vereinbaren Sie bestimmte SOS-Signale.

9 Checklisten für Präsentationen

9.1 Frontalpräsentation

Vorbereitung

- sich die wichtigsten Vorbereitungsfragen stellen
- sich schriftlich vorbereiten
- Zielsetzungen festlegen (nach der Präsentation weiß/kann der Zuhörer …)
- sich auf höchstens drei Botschaften konzentrieren
- Begrüßung und attraktive Einleitung vorbereiten
- offene Fragen für die Analyse vorbereiten
- Aussagen vorbereiten
- maximale Dauer von 45 Minuten im Auge behalten
- Handzettel vorbereiten

Begrüßung und Einleitung

- stehen – schauen – lächeln – zu reden beginnen
- offene Haltung (Hände und Füße)
- frontal zum Publikum stehen
- ruhig stehen
- Stimme anheben
- attraktive Einleitung, um Aufmerksamkeit zu erwecken durch:
  - provokative Aussage
  - Frage
  - Anekdote, Geschichte
  - Witz
  - visuellen Effekt
- sich für die Zeit bedanken
- mit Namen ansprechen

- Freude oder Dank ausdrücken
- Übersicht über den Ablauf geben inklusive Zeitrahmen
- darauf hinweisen, dass die Fragen während oder erst am Schluss gestellt werden sollen
- Wichtiges lesbar auf Flipchart schreiben

Analyse

- Interaktion mit den Teilnehmern durch Fragen
- Wortmeldungen auf das Flipchart schreiben
- gut zuhören und keine Kommentare geben

Präsentation

- Sprache:
  - kurze Sätze formulieren
  - langsam sprechen
  - deutlich sprechen
  - die Lautstärke variieren
  - Pausen machen
  - Fremd- und Fachwörter vermeiden
- KISS einhalten (Keep it simple and stupid)
- immer Blickkontakt halten
- schrittweise präsentieren
- Zustimmung einholen
- farbige Folien einsetzen
- nicht von Folien ablesen
- mit Stift oder offener Hand zeigen
- Vor- und Nachteile präsentieren

Diskussion

- jede Frage, jeden Einwand ernst nehmen
- immer einen Schritt nach vorne machen

- Bestätigungen verwenden
- Fragen verwenden
- nur kurze Aussagen machen
- mit Namen ansprechen
- nachfragen
- andere Teilnehmer mit einbeziehen
- Fragen auch zurückstellen und sichtbar notieren
- mit Namen ansprechen
- positive Teilnehmer mit einbeziehen
- danken für Wortmeldungen
- Augustoni-Gesprächsregel einsetzen

Schluss

- Aufforderung formulieren
- danken für die Zeit und Teilnahme
- sich verabschieden

9.2 Gesprächspräsentation

Vorbereitung

- sich schriftlich vorbereiten
- Begrüßung, Einleitung und erste Frage auswendig lernen
- offene Fragen für die Analyse vorbereiten
- Zielsetzungen festlegen (nach der Präsentation weiß/kann der Zuhörer ...)
- Begrüßung, Einleitung und attraktive Einleitung vorbereiten
- offene Fragen für die Analyse vorbereiten
- Aussagen vorbereiten
- maximale Dauer von 45 Minuten im Auge behalten

Begrüßung und Einleitung

- sich setzen – ordnen – schauen – lächeln – zu reden beginnen
- sich erst nach Aufforderung hinsetzen
- Jackett beim Hinsetzen öffnen
- offene Haltung mit Händen und Armen einnehmen
- Freude oder Dank ausdrücken
- kurze Einleitung mit höchstens drei Sätzen zur Situation
- guten Blickkontakt halten
- ruhig sitzen
- mit Namen ansprechen
- Übersicht über den Ablauf geben inklusive Zeitrahmen

Analyse

- Frage an alle stellen
- mit Fragen die Situation nochmals analysieren
- mit Namen ansprechen
- nicht reden, nur fragen
- gut zuhören
- ausreden lassen
- sich Notizen machen
- keine Stellung nehmen

Präsentation

- keinen Monolog führen
- Punkte schrittweise abarbeiten
- kurze Aussagen mit Vorteilen und Nutzen in der Sie-Form darstellen
- auf Kaufsignale achten
- Zwischenabschlüsse machen
- Interaktion beachten

Diskussion

- Augustoni-Gesprächsregel befolgen
- Bestätigungen einsetzen
- nachfragen

Abschluss

- kurze Zusammenfassung
- nächste Schritte festlegen (Wer macht was bis wann?)
- frühzeitig die geeignete Abschlussfrage stellen
- danken für das Gespräch

10 Die Produktdemonstration

Die Demonstration ist ein häufig eingesetztes Mittel in der Vermarktung von Produkten. Dabei werden nebst dem Seh- und Hörsinn auch die anderen Sinne, wie der Tast-, Geruchs- und Geschmackssinn, angesprochen.

Es versteht sich von selbst, dass viele Hinweise, die Sie in den vorangegangenen Kapiteln für das professionelle Präsentieren erhalten haben, auch für die Produktdemonstration gültig sind.

Trotzdem gibt es einige Besonderheiten, die es zu beachten gilt und auf welche ich unter folgenden Titeln näher eingehen werde:

- Das Produkt
- Die Demonstration
- Der Demonstrator und
- Anlässe für Produktdemonstrationen

10.1 Das Produkt

Technische Produkte, auf die ich mich an dieser Stelle vor allem konzentrieren werde, stellen eine Lösung für eine konkrete Aufgabenstellung dar. Dabei steht die Zweckmäßigkeit aus wirtschaftlicher und technischer Sicht im Vordergrund.

Viele Produkte sind heute mit mechanischen und elektronischen Komponenten vollgepackt. Dazu kommen vor allem bei Investitionsgütern oftmals Softwarepakete, welche die Systeme, Anlagen und Maschinen erst richtig zur Anwendung kommen lassen.

Werden nun solche Produkte einer Zuhörerschaft demonstriert, muss dem Produkt eine besondere Aufmerksamkeit geschenkt werden. Dies gilt vor allem für die Vorbereitung des Produktes.

Die Vorbereitung nimmt häufig eine viel längere Zeit in Anspruch als die Demonstration selbst.

Leider investieren in der Praxis viele Demonstratoren für die Installation und Überprüfung der Funktionalität im Vorfeld der eigentlichen Demonstration zu wenig Zeit. Dies führt dann dazu, dass sie relativ häufig den sogenannten „Demo-Effekt" erleben – das Produkt erfüllt bei einer Demonstration nicht das, was man von ihm erwartet. Die Folgen dieses Demo-Effektes sind dann in den meisten Fällen aufkommende Hektik und Nervosität. In der Regel kann der Demonstrator nicht mehr mit derselben Gelassenheit und Freude die weiteren Funktionen und Vorteile des Produktes darstellen. Solche negativen Situationen können den Erfolg der gesamten Demonstration gefährden.

In diesem Zusammenhang möchte ich besonders auf die Demonstration von Software hinweisen. Jedermann kennt bereits aus seinem täglichen Leben die Situationen, bei denen der Computer nicht das macht, was man eigentlich von ihm erwartet.

Da es sich bei neuer Software oftmals um noch nicht voll ausgetestete Versionen handelt, sind diese Momente bei deren Demonstration noch wahrscheinlicher.

Aus diesem Grund ist hier der Vorbereitung eine noch höhere Bedeutung beizumessen.

Praxishilfe: Das Produkt

- Investieren Sie vor jeder Demonstration genügend Zeit für die Installation und Überprüfung der Funktionalität des Produktes.

- Spielen Sie vor der Demonstration nochmals alle Funktionen durch.
- Bei Demonstrationen, die nicht im eigenen Unternehmen stattfinden, verpacken Sie alle Komponenten des Produktes anhand einer Checkliste, oder überwachen Sie zumindest die Verpackung.
- Lassen Sie niemanden mehr mit dem Produkt in Berührung kommen, wenn es einmal für die Demonstration vorbereitet ist.
- Lassen Sie während der Demonstration das Produkt von niemandem unkontrolliert bedienen.
- Verpacken Sie nach der Demonstration alle Komponenten selbst oder überwachen Sie zumindest das Einpacken anhand einer Checkliste.

Fairerweise muss gesagt werden, dass auch bei intensivster Vorbereitung der „Demo-Effekt“ nicht ausgeschlossen, wohl aber in hohem Maße reduziert werden kann.

Welche Regeln gilt es zu befolgen, wenn trotz allen Anstrengungen der schlimmste Fall auftritt?

Praxishilfe: Verhalten beim „Demo-Effekt“

- Bleiben Sie ruhig.
- Seien Sie gegenüber den Zuhörern ehrlich, da diese die Störung so oder so bemerken.
- Fragen Sie die Zuhörer, ob es möglich ist, zu einem späteren Zeitpunkt nochmals auf diese Funktion oder Anwendung zurückzukommen.
- Falls nicht anders möglich, machen Sie eine Pause.

10.2 Die Demonstration

Wie bei der Präsentation, sollte vor der Demonstration wenn immer möglich eine Analyse der Anforderungen, Wünsche und Aufgabenstellungen der Zuhörerschaft durchgeführt werden. Die Praxis zeigt jedoch, dass gerade bei Demonstrationen diese Analyse oftmals versäumt oder verunmöglicht wird. Die Gründe dafür sind vielfältig. So kommen z. B. manchmal überraschend Besucher, die nur über sehr wenig Zeit verfügen, in das Unternehmen und man möchte ihnen trotzdem ganz schnell das neueste Produkt vorstellen. Meist bleibt dann keine Zeit, um eine Analyse durchzuführen.

Oder manchmal gibt es Zuhörer, die gar nicht genau wissen, wie und wo sie dieses Produkt einsetzen könnten. Hier hilft eine Analyse überhaupt nicht weiter.

In diesen Fällen muss der Demonstrator die Demonstration so aufbauen, dass er höchstwahrscheinlich die für die Zuhörer wichtigsten Punkte anspricht. Dies tut er, indem er sich 3 bis 5 Schwerpunkte oder Botschaften aussucht und seine gesamte Demonstration auf diesen aufbaut. Warum diese Schwerpunkte?

Da der Mensch nur sehr wenige Dinge aufnehmen und behalten kann, sollten die Vorteile, welche das Produkt am stärksten von einem anderen, vergleichbaren Produkt unterscheiden, vorgetragen werden.

Der Aufbau einer solchen Demonstration kann wie folgt aussehen:

- Benennung des Produktes
- Funktion des Produktes (Was tut es?)
- Einsatzgebiet des Produktes
- Darstellung der 3 bis 5 wichtigsten Vorteile/Botschaften
- Empfehlung

Hat der Demonstrator die Möglichkeit, seine Demostration auf eine Analyse aufzubauen, kann das wie folgt aussehen:

- Benennung des Produktes
- Funktion des Produktes (Was tut es?)
- Beschreibung der konkreten Aufgaben- und Problemstellung des Kunden
- Darstellung der Produktlösung mit den einzelnen Funktionen und den konkreten Kundennutzen
- Beispiele, Referenzen
- Empfehlung

Bei Demonstrationen sind zwei Punkte von besonderer Bedeutung, nämlich

- die Hervorhebung der Nutzen und
- die Empfehlung.

Wenn sich jemand zum Kauf eines bestimmten Produktes entscheidet, tut er dies nur, wenn er aufgrund der Funktionen bestimmte Nutzen für sich ableiten kann.

Aus diesem Grund muss der Demonstrator bei der Darstellung der Funktionen immer gleichzeitig die Nutzen für den Kunden darstellen. Viele Demonstratoren vergessen dies häufig.

Eine Demonstration muss immer mit einer Empfehlung enden, weil es ja das Ziel jeder Demonstration ist, jemanden zu etwas zu bewegen. Die Empfehlung wird konkret ausgesprochen, z. B. „Ich empfehle Ihnen …“

Praxishilfe: Die Demonstration

- Führen Sie, wenn immer möglich, vor der Demonstration eine Analyse der Anforderungen, Wünsche und Aufgabenstellungen der Zuhörerschaft durch.
- Halten Sie Ihre Demonstrationen kurz.
- Ist der Inhalt einer Demonstration sehr umfangreich, teilen Sie die Demonstration in einzelne Teile auf.
- Konzentrieren Sie sich auf 3 bis 5 Schwerpunkte/Botschaften.
- Stellen Sie bei jeder Erklärung einer Funktion auch gleich die Nutzen für den Kunden dar.
- Geben Sie nach jeder Demonstration eine Empfehlung ab, um die Zuhörer am Schluss nochmals zu aktivieren.

10.3 Der Demonstrator

Bei den Demonstratoren von technischen Produkten handelt es sich oft um technisch orientierte Mitarbeiter. Dies können Produktmanager oder Entwicklungsingenieure sein. Da diese Mitarbeiter das Produkt am besten kennen und auch häufig als „ihr Baby“ betrachten, können u. a. folgende Fehler auftreten:

- Der Demonstrator verliert sich in Details und die Demonstration dauert viel zu lange.
- Die Zuhörer werden zur Nebensache, weil der Demonstrator nur noch Augen für „sein Baby“ hat.
- Die Demostration ist gespickt mit Fachbegriffen.
- Der Demonstrator präsentiert zwar die technischen Merkmale, vergisst aber die Vorteile und Nutzen für die Kunden.

In diesem Zusammenhang möchte ich besonders auf die Bildschirmdemonstrationen hinweisen.

Bildschirmdemonstratoren sind oftmals kaum mehr von ihrem Bildschirm loszureißen. Es macht manchmal den Anschein, als ob die Zuhörer nur noch geduldet würden. Die Vorgänge auf dem Bildschirm nehmen die Aufmerksamkeit des Demonstrators derart in Anspruch, dass er keinen großen Wert mehr auf die sprachliche Darstellung legen kann. Während er seine Tastatur bedient, spricht er in Richtung des Computers, was es den Zuhörern verunmöglicht, ihn überhaupt zu verstehen.

Um dies zu vermeiden, gilt nicht nur für Bildschirmdemonstrationen die Regel: touch – turn – talk (in etwa: bedienen – umdrehen zu den Zuhörern – reden).

Wird diese Regel strikt eingehalten, führt der Demonstrator nicht nur die Demonstration, sondern auch die Zuhörer, und das ist Wichtigste überhaupt.

Die Demonstration am Bildschirm muss so professionell vorbereitet sein, dass der Demonstrator nur durch Knopfdruck zum nächsten Schritt gelangt.

Praxishilfe:
Der professionelle Demonstrator

- Lassen Sie alle Details und technische Spielereien weg und konzentrieren Sie sich auf das absolut Notwendigste.
- Machen Sie Ihre Demonstration so häufig, dass Sie jeden Bedienungsschritt blind beherrschen.
- Folgen Sie strikt der Regel: touch – turn – talk.
- Betrachten Sie die Zuhörer immer als das Zentrum der Demonstration.
- Formulieren Sie einfach und verständlich.
- Erklären Sie neue Fachbegriffe sofort und klären Sie durch Rückfragen bei Ihren Zuhörern, ob die verwendeten Fachbegriffe klar sind.

- Erwähnen Sie nach jedem technischen Merkmal sofort die Vorteile oder Nutzen für die Zuhörer.

10.4 Anlässe für Produktdemonstrationen

Produktdemonstrationen finden im Rahmen von unterschiedlichsten Anlässen statt. In der Folge werde ich kurz auf zwei besonders wichtige Anlässe eingehen. Dies sind Demonstrationen

- auf Messen und Ausstellungen
- bei Ausbildungen von Anwendern und Benutzern

10.4.1 Messen und Ausstellungen

Zwar sollte es im Rahmen einer Messe oder Ausstellung generell vermieden werden, Produktdemonstrationen durchzuführen. Trotzdem können gute Gründe dafür sprechen. Diese können z. B. sein:

- Einführung einer Produktneuheit
- Darstellung eines einzigartigen Vorteiles eines Produktes
- Darstellung der Firma als umfassende Anbieterin

In solchen Fällen muss im Vorfeld festgelegt werden, ob Individual- oder Gruppendemonstrationen durchgeführt werden sollen.

Individualdemonstration

Die Individualdemonstration ist eine kundenorientierte, d. h. auf einen Kunden oder eine klar definierte Kundengruppe abgestimmte Demonstration. Sie orientiert sich ausschließlich an den Anforderungen und Wünschen der Kunden. Dieser Demonstration muss eine genaue Analyse der Kundensituation vorausgehen. Die entsprechenden Fragen für die Durchführung der Analyse werden vor der Messe mit den Messestandbetreuern eintrainiert.

Da in der Analyse nur die wichtigsten Kriterien erfragt werden, beschränkt sich die Demonstration automatisch auf diese Punkte.

Gruppendemonstration

Nun gibt es Messen, auf denen möglichst viele Besucher angelockt und für ein Produkt interessiert werden sollen. Aus diesem Grund kann man sich zu Gruppendemonstrationen entschließen. Es versteht sich von selbst, dass die Zusammensetzung dieser Gruppen oft sehr heterogen ist und in gewissen Fällen sogar Zuhörer ohne jegliches Fach- und Sachwissen dabei sind.

Bei Gruppendemonstrationen ist deshalb auf folgende Punkte besonders zu achten:

Praxishilfe: Die Gruppendemonstration

- Legen Sie genaue Demonstrationszeiten fest und halten Sie diese auch ein.
- Beschränken Sie die Anzahl der Plätze (z. B. Stühle). Damit schaffen Sie eine künstliche Verknappung der Zuhörerschaft.
- Machen Sie eine allgemein verständliche Demonstration.
- Arbeiten Sie mit vielen Beispielen und sprachlichen Bildern.
- Informieren Sie die Zuhörer, dass erst am Ende der Demonstration Fragen gestellt werden können.

10.4.2 Ausbildung von Anwendern und Benutzern

Nach dem Verkauf von Produkten müssen ihre Benutzer für die Anwendung ausgebildet werden. Im Rahmen dieser Ausbildungen werden schrittweise Demonstrationen durchgeführt.

Diese Demonstrationen müssen genau auf die Zielsetzungen der Auszubildenden ausgerichtet sein. Viele Demonstrationen dienen gleichzeitig zur Ausbildung der Teilnehmer in der Anwendung des Produktes.

Halten Sie deshalb folgende Regeln ein:

Praxishilfe:
Demonstration bei Ausbildungen

- Machen Sie viele Kurzdemonstrationen.
- Halten Sie sich bei den Demonstrationen genau an die Zielsetzung (nach der Demonstration soll der Teilnehmer in der Lage sein, ... zu tun).
- Halten Sie sich strikt an die Schulungsregel: erklären – ausführen – nachmachen lassen – korrigieren – nachmachen lassen.

10.5 Die Team-Demonstration

Es gibt Veranstaltungen, bei denen es empfehlenswert ist, die Demonstration in einem Team durchzuführen. Dies ist z. B. der Fall, wenn

- es sich um eine größere Anzahl von Zuhörern handelt,
- es sich um eine besonders anspruchsvolle Aufgabenstellung handelt oder
- die Bedienung des Produktes einen besonders großen Aufwand erfordert.

Wenn ein ganzes Team vorführt, kann dies auch die hohe Bedeutung der Demonstration unterstreichen.

Auch ist die Demonstration, wenn die Mitglieder eines Teams gut harmonieren, für die Zuhörer viel attraktiver, als wenn sie nur von einem Demonstrator durchgeführt wird. Aber genau diese Harmonie ist die Schwierigkeit bei einer Team-Demonstration.

Praxishilfe:
Regeln für die Team-Demonstration

- Bereiten Sie die Team-Demonstration bis ins kleinste Detail vor.
- Klären Sie genau die Rollen zwischen den Mitgliedern des Teams.
- Bestimmen Sie den Moderator. Der Moderator ist derjenige, der keine Aufgaben bei der Bedienung des Produktes übernimmt.
- Sprechen Sie die Übergänge bei der Erteilung des Wortes an ein anderes Teammitglied genau ab.
- Sprechen Sie als Moderator immer in der Wir-Form.
- Unterbrechen Sie nie ein Teammitglied bei dessen Ausführungen.
- Korrigieren Sie nie vor der Zuhörerschaft Ausführungen eines Teammitglieds.
- Machen Sie Ihre Kollegen wertvoll für die Zuhörer, indem Sie z. B. Formulierungen gebrauchen wie z. B.: „Herr ..., unser Spezialist für ..." oder „Frau ... ist die kompetente Person für die Beantwortung dieser Frage".
- Überlassen Sie als Teammitglied alle unvorhergesehenen Situationen dem Moderator.

Literaturhinweise

Alle Pocket-Power-Bände, siehe hintere innere Umschlagseite.

Buzan, T.; North, V.: Business Mindmapping. Wirtschaftsverlag Unterreuter, Wien, Frankfurt/Main 1999

Weber, H. E.: Die goldenen Regeln der Präsentation. Crusius SA, Bern 1998

Friedrich, W.: Die Kunst zu präsentieren. Springer-Verlag, Berlin, Heidelberg, New York 1999

Kuhlmann, M.: Last Minute-Programm für Vortrag und Präsentation. Campus Verlag, Frankfurt/Main 1999

Seifert, J. W.: Visualisieren, präsentieren, moderieren. Gabal Verlag, Offenbach 1989

Lay, R.: Dialektik für Manager. Ullstein, Frankfurt/Main, Berlin 1983

Morris, D.: Körpersignale – Bodywatching. Wilhelm Heyne Verlag, München 1986

Donnert, R.; Sterzenbach, M.: Präsentieren gewusst wie. Krick Fachmedien, Würzburg 1999

Alexander, F. M.: The Use of the self. Orion Verlag, London 1985

Molcho, S.: Körpersprache als Dialog. Mosaik Verlag, München 1988

Gelb, M. J.: Überzeugend reden, erfolgreich auftreten. Synchron Verlag, Berlin 1989

Birkenbihl, V. F.: Signale des Körpers. mvg – Moderne Verlagsgesellschaft, Landsberg am Lech 1988

Bildernachweise

Micrografx Designer 7
Lotus Smart Pics for Windows, 1992
MindManager, 2000

Der Autor

Bruno Augustoni arbeitete nach seiner Ausbildung als Lehrer für Sprachen. Nach einem Abstecher in die Bauindustrie wechselte er zur Firma Leica AG Heerbrugg, wo er in den Bereichen Marketingforschung und Internationaler Verkauf (Mikroskopie, Medizinaltechnik, Vermessung) tätig war. Von 1980 bis 1983 baute er für die Leica AG weltweit die Abteilung „Produkt-, Verkaufs- und Serviceausbildung" auf. Beim deutschen Industrieunternehmen Wagner hatte er dann als Marketingverantwortlicher die Möglichkeit, die Neuausrichtung des Unternehmens mitzugestalten. Seit 1985 ist Bruno Augustoni selbstständig und sehr erfolgreich als Berater, Trainer und Coach im Bereich der Kommunikation. Als Polylinguist arbeitet er in fünf Sprachen und ist vor allem für internationale Unternehmen tätig.